JN107616

インプットの効率を上げる
勉強術
100の法則

How To Study Smart

記憶の定着を意識すると
勉強の成果が変わる!

精神科医
和田秀樹
Hideki Wada

日本能率協会マネジメントセンター

はじめに

　私は長年の大学受験指導や自らの人生を通じて、勉強にはやり方があると信じています。

　同じくらいの記憶力や思考力を持っていても、勉強のやり方が下手な人は結果を出せず、うまい人は結果を出します。

　以前、私の受験勉強法について、「確かに数学の答えを暗記したり、志望校の合格者の最低点を目指す勉強法をしたりすると、志望校には受かるかもしれないけど、その後は勉強をしなくなる」というような批判を受けました。

　それから10年、20年と経つと、どうもそれは逆だという考えに至りました。

　学校の先生のいいなりになって勉強していた人は、大学に入ってからの勉強を見失ったり、よしんば大学で優をたくさん取っても、社会に出てから、上司のいいなりにしかなれない人間になることが多い。ところが勉強を工夫して大学に入った人は、大学に入ってからでも、社会に出てからでも躓いた際にやり方を求めるので、切り抜けていくことが多いし、上司のいいなりにならないので、転職や起業をする人が多いということです。

　本書では、そのような私の経験から社会に出てからでも役に立つような勉強術を100個ピックアップして、提供しています。

　これは読むための本というより、試すための材料と考えています。ですので、最初からでなく必要なところから読めるように編集してあります。

　要するに、全部読んだり、全部実践する必要はありませんが、いくつかでも、自分に合いそうなものを試してもらえれば、今の

自分よりは「成果」の出せる人間になれると信じています。

　何より、いろいろやってみて、うまくいかなければやり方を変えればいいという人生観を持ってもらえれば、これからの勉強をし続けないといけない時代を勝ち抜き、長い人生を楽しく生きるために役立つ習慣力を身につけることができると私は考えています。

　本書が、読者の方の勉強に役立つだけでなく、将来の幸せにつながれば著者として幸甚の至りです。

　2020年5月

　　　　　　　　　　　　　　　　　　　和田秀樹

インプットの効率を上げる勉強術100の法則　◎目次

第1章　勉強しなければならない時代

第2章 勉強するためのマインドセット

第3章 インプットの効率を上げる トレーニング

第4章 成果を上げるための時間術

第5章 超速！ インプット術

第6章 実践！ アウトプット術

勉強しなければ
ならない時代

勉強をしなければ、
差別化を図れない

　「学歴だけでは人生は決まらない。」かつてこの言葉は、当初はどちらかというと受験競争でうまくいかなかった人に向けていわれていた激励の言葉だったように思います。

　しかし、現在では、学歴取得はうまくいっても、社会に出てから学んでいない人たちへの自戒や意識改革を促す意味合いが強くなってきたように思います。以前であれば出身大学が有力だと、出世にも繋がるといわれていましたが、それはもはや過去の話となっているようです。

　少し考えてみればわかりますが、人生の最初の20年間のうちで人より多く勉強したかどうかで人生が決まる時代というのは、その後の平均寿命が短いからこそ成り立っていたのだと思います。

　55歳が定年の頃は大学卒業後に働く期間は30年程度でしたが、今は65歳定年が求められており、70歳、75歳まで働くことも珍しくなくなっています。技術の変化で学んだことの陳腐化が早くなってきていることに加えて、50年間働くことを考えると、働きながらも学び続ける必要があることは自明だと思います。

　仕事を通じて学ぶことができるのはもちろんですが、どうしても目の前のことに関心が向かいがちになってしまいます。仕事の幅を広げるためにも、いま自分が取り組んでいることはどういう意味があるのか整理するためにも、意識的に学びを取り入れていく必要があるのではないでしょうか。

　そんなに厳しいことをいわれても困る、と思われるかもしれません。しかし、ちょっと考えてみればわかりますが、困ると思われるのは、あなただけではないはずです。あなたの同僚も、競合他社の人も同じように思っているのではないでしょうか。そう、忙しくて勉強できないと思っているのは、皆一緒なのです。

　そう思えば、その中で努力することができれば、差別化を図ることができると思えてきませんか？　**人がやっていないことをやった人だけが得ることができる、経験と知識を武器にするのです**。語学だったり、国際情勢の知識だったり、業界に求められる最先端の技術だったり…どれをとっても有効だと思います。

　長く働く時代というのは、一度や二度、既定のレールから抜け出したとしても挽回が可能な時代だともいえます。思い切って勉強に取り組んでみると、そのことを評価してくれる人が増えている状況ですので、是非大いに学んでみましょう。

具体的行動

　変化の激しい時代にあって、学び続けることが求められている。仕事の合間にも、テーマを見つけて学ぶようにしよう。

勉強をして武器を増やせば、学ばない人を逆転できる

　本来人間は平等であるはずなのに、なぜかこの世の中には格差がある。その理由は、勉強したかしていなかったかの差なのだ、と今から約150年前に指摘した人物がいます。そう、福澤諭吉です。

　名著『学問のすすめ』の冒頭「天は人の上に人を造らず、人の下に人を造らず」のすぐあとで、「されども今、広くこの人間世界を見渡すに、かしこき人あり、おろかなる人あり、貧しきもあり、富めるもあり、貴人もあり、下人もありて、その有様雲と泥どろとの相違あるに似たるはなんぞや。」と述べ、「賢人と愚人との別は学ぶと学ばざるとによりてできるものなり。」と主張しているのです。厳しいことをいっているように聞こえるかもしれませんが、裏を返せば勉強すれば逆転できるともいうことができ、これからはそういう実力本位の時代になる、ということをいっていたのです。

　よく学歴社会は批判をされますが、もともとは生まれながらにして身分が決まっている社会に対する批判から生まれてきたものだということを思い起こしてみましょう。**自分の努力によって活躍できる範囲が広がる**ということを考えてみれば、その方がずっ

とよい時代のようにも思えてきませんか？

　太平洋戦争で日本は敗れ、焼け野原になった国土で日本人は貧しさという点では平等の再スタートを切りました。戦後に生まれた子どもの多くは公立学校で受験競争の中で競い合っていました。しかし、その中の「勝ち組」が親になったとき、子どもが有利に勝ち進んでいけるように早くから塾に行かせ、私立の中高一貫校に進ませた結果、公立高校の地盤沈下が進んでいったのです。それが、現在の教育格差社会につながっていると思います。

　こうしたことから、親が金持ちの方が子どもは勉強の機会が多く、学力も高くなるといわれるのですが、これは半分当たっていて半分外れています。どういうことかというと、学力と親の年収はある程度まで相関関係があるのですが、親の年収が一定額より多くなると、子どもは逆に勉強しなくなるのです。

　そんなにガツガツしなくても食べていけると思うからなのかもしれませんが、ここに逆転のチャンスがあるのです。お金持ちが油断をしている隙に、勉強をして武器を増やせば活躍の機会を手にすることができ、財産も手にできるといえるでしょう。

　とくに、周囲が勉強をしていない状況で勉強をするのは孤独かもしれませんが、そういう状況で勉強をすると周囲と差別化を図ることができます。人ができないことをできるというだけで、重宝される存在になることができるのです。

具体的行動

　人が勉強していない時期こそ、勉強をするチャンスだと考え、自分のテーマを見つけて学んでいこう。

横並びに安住していると、周囲と一緒に没落してしまう

　日本の大学生は、世界一勉強しない。そういわれていたのは随分前の話で、今となっては寝ていても単位が降ってくるというような話はもはや時代劇になりました。

　保護者からの要望もあり、大学時代も高校時代の延長のように出欠を管理される時代になってきたことと、大学入学時点での学力が以前より下がっている分勉強しなければならないということが良いのか悪いのかはさておき、恐らく今の学生の方が昔よりは勉強しているのでしょう。

　しかし、社会人はどうでしょう？　就職活動で苦労した世代の人は学ばなければならないという意識は強いかもしれませんが、そういう人たちに対して「意識高い系」という言葉で揶揄するような雰囲気があるように思えてなりません。

　努力することを馬鹿にし、昔からの価値観で仕事を進めようとしている人が上にいるのだとしたら、その組織は変われないように思うのは私だけでしょうか。

　OECD諸国の中で、日本は大人になってから学び直しのために学校に入り直す人の割合が最下位だとされています（2016年

のデータ）。

　無論、MBAなどをとるために大学院に通うことだけが学びの形ではないので、一概に誰もが勉強していないと言うことはできないのですが、ここにも新卒一括採用・年功序列・終身雇用の悪い面が出ているように思います。

　横並びで、同期から浮くことを恐れているのではないでしょうか。内輪での評価を気にするあまり、社外での学びを軽視しているのです。

　もちろん、自分の仕事への専門性は身についている可能性もあり、変化が少ない時代であればこれでもいいのですが、もし、あなたが勤めている会社が倒産して職を失ったとしたら、どうしますか？　ローテーション人事でいろいろな部署を回った人の場合、アピールできる専門性がない可能性もあります。

　転職活動をするときに、変わった資格を取得しているなど、学習経験があると目を引きますし、実際にそのスキルを求められる可能性もあります。さらに、一緒に学んだ社外の仲間に助けを求めることもできます。そして、最新の知識を持っていれば、それはあなたを雇用するための決め手になるかもしれません。

具体的行動

　一生同じ職場にいるとは限らない時代、横並びだけを意識は捨てて、自分の独自性を磨くようにしよう。

学ぶ機会が増えたので、逆転のチャンスも生まれた

　新卒一括採用・年功序列・終身雇用が労働者の生活を安定させてきた一方で、学びの意欲を奪ってきたことを説明してきましたが、この傾向も大きく変わってきています。

　企業の体力が落ちて終身雇用が保障されなくなってきたため、意欲の高いビジネスパーソンはいつでも転職できるように自らのスキルを常に磨くとともに、社外のネットワークも築いています。入社時に必要だった学校歴も、時間が経てばもう役に立ちません。

　ただ、そうはいっても激務の中でこういった活動ができるのは従来ごく一部のエリート層だけでした。結果的にそういう人は社内で出世できてよかったということになっていたのですが、皆がそれを目指すのは時間的にも経済的にも難しかったのです。

　ここにきて社会が変わってきたのは、「働き方改革」が叫ばれるようになったからです。残業の総量規制などにより、会社にいる時間が全体的に短くなってきて、ビジネスパーソンに時間ができてきました。

　共働きで子育てに忙しい世帯は急いで家に帰るようになったか

もしれませんが、遅く帰るのが当たり前で家庭に居場所がない人はさてどうしたものか、と途方に暮れているという話をよく聞きます。

　そういう人たちにも、意欲の高い人たちにも共通して役立つのが、「**越境学習**」です。これは、職場でも家でもない場、コワーキングスペースや大学のサテライトオフィスなどで、社会人向けに新たな学び直しの機会を提供しているもののことを指すことが多いですが、座学というよりはワークショップ形式のものが多く、参加型で気軽に楽しめるものが多いようです（コロナの影響でオンライン型のワークショップも出てきています）。

　このように、学びのハードルも下がってきているので、ちょっとした時間を使って学びなおすことが可能になってきています。前の節でも述べたように学ばない人が多い中で、学ぶと差をつけることができます。

　ネットで検索すれば、必要な知識を提供するセミナーはすぐに出てくる時代です。学校歴も無視はできませんが、学習歴を更新できる人にこそ、人は魅力を感じるのです。

具体的行動

　学ぶことのハードルが下がってきているので、その機会を積極的に活用すべく、学びの場を検索するなどして自ら足を運ぼう。

最低限の知識がなければ、考えることはできない

　インターネットが普及して随分時間が経ちました。知らないことがあっても検索すればすぐに情報が出てくるようになり、大量の情報を記憶しなくても調べれば何とかなる、ということは随分増えたように思います。一方で、知識だけあってもダメで、知識を使うための思考力こそが大事だという主張もよく聞かれるようになりました。

　確かにそれはその通りなのですが、それでは、思考力とは何なのでしょう？　**知識が多ければ多いほど、推論の精度は上がっていくのです。**

　ただ、これだけではまだ納得できないという人のために、2つの試験の例を挙げて考えてみたいと思います。司法試験の論文式試験と、慶應義塾大学文学部の英語の入学試験です。

　司法試験の論文式試験では、六法全書が配布されます。問題に対して、的確に調べて解答に辿り着けるかどうかが大事ということですが、問題と対峙するときに、どの条文を使えば適切に対峙できるかということは知らなければならないのです。

　条文の一言一句を暗記せよということではないものの、定石を

知らねばならないということは理解していただけるのではないか
と思います。

　また、慶應義塾大学文学部の英語の入学試験では、英和辞典な
どの辞書が持ち込み可となっています。わからない単語があれば
調べてよいということですが、わからない単語が多い人と少ない
人では、後者の方が辞書で調べる時間をとられてしまうため、不
利になります。やはり、ある程度の知識は必要だということで
す。

　とはいえ、ネットで調べれば済むことが多い今日において、そ
もそもこうした試験自体が時代遅れになるのでは、と思われる方
もいらっしゃるかもしれません。では、インターネットの情報が
全て正しいでしょうか？　AIの精度は、完璧といえるでしょう
か？　論理思考ができたとして、それを表現するための語彙力は
不要でしょうか？　そうしたことを考えていくと、知識が必要な
のは疑いようもありません。考えるためのベースとなる「幹」を
作ることを意識しましょう。

　便利な時代だからこそ、勉強しなければならないことは増えた
くらいに思っておいて勉強するようにしましょう。

具体的行動

　知識がなければ考えることもできない。推論の精度を上げ、思考力
を高めるために、幹となる知識を蓄えよう。

AI時代になると、さらに学びが必要になる

2011年、米国の大学教授であるキャシー・デビッドソン氏は、次のように発言して世界に驚きを与えました。

「2011年度にアメリカの小学校に入学した子どもたちの65％は、大学卒業時に今は存在していない職業に就くだろう」

単純労働だけでなく、弁護士や医師などの難関資格とされる職業も、これからはAIに置き換えられていくのではといわれています。こうしてみると、勉強をしてもAIには勝てないのだから勉強をするのは時間の無駄だと思う人が出てくるかもしれません。

しかし、これは勉強ということを一面的に捉えすぎています。確かに、困ったときに知識を披露してくれるような、単なる物知りはもういらなくなるかもしれませんが、実は歴史を紐解くと、恐ろしい事実があります。

イギリスでは1980年代に、これからは誰もが計算機を使う時代になるから単純な計算スキルは不要になるだろうと、学校では計算を教えずに応用問題ばかりを解かせる教育に転換したことが

ありました。しかし、このカリキュラムでは応用問題が解けるようにはならず、基礎的な計算もできないという深刻な学力低下問題が生じたのです。逆に、19×19までのかけ算を暗記させるインドからは、次々と優秀なIT技術者が輩出されています。

　結局、どんな時代であれ、勉強をしなければ生き残れないのだと思います。**AIがさまざまな格差を縮めると思っている人もいるようですが、残念ながら私は逆だと思っています。**ありとあらゆる職業において、格差が拡大するのではないでしょうか。

　AIに置き換えが可能だといわれている職業の場合、煩雑な事務作業をAIにやらせることができれば手間が減るので、優秀な人材は仕事をこなす量を増やしていくことになるでしょう。

　そうなると、仕事を早くこなせない人や何らかの強みがない人は仕事を奪われていってしまい、格差が開いていきます。そうしたことが散見されるようになる、ということです。

　ありとあらゆる経験を総動員して新しいことに挑んでいくことが求められる時代です。AIを使いこなす側になるためにも、自分の強みを伸ばしておくことが一層必要になるのではないでしょうか。

具体的行動

　AIの活用領域が広まってくると、人間がすべき仕事が明確になるので、得意なテーマを生かす方法を考えるようにしよう。

「あったらいいな」が、
新しい時代を創る

　前の節で、AI時代であっても勉強が必要だという話をしました。勉強は引き続きするとして、そのほかにどういうことができると得をするのか、ちょっと考えてみましょう。

　実は私は、『ドラえもん』が大好きです。国民的アニメとなって久しいドラえもんですが、かつてはのび太の向上心の無さが批判の対象となったこともありました。

　勉強も運動もできないのび太が、困ったときにドラえもんに助けを求め、ドラえもんがそれを解決するための道具を出してくれます。

　かつてであれば、ドラえもんこそが求められる人材像だったのでしょう。幅広い課題に対応できるオールマイティな人材が欲しい、ということだったのでしょうが、今はどうでしょう？　実は、のび太はすごいと思うのです。なぜならば、自分が困っていることや、欲しいもの、**つまり課題に気づいて言葉にできているからです。**

　自分に置き換えてみるとわかりますが、今自分が欲しいものはなに？　と聞かれてもすぐにはわかりませんよね。お腹が空いて

いたら食べ物か、そうでなければせいぜい時間が欲しい、くらいではないでしょうか。

消費財メーカーで働いている人はとくに切実な悩みだと思いますが、今は物が余っている時代。どんなに品質のよいものを作ってみてもなかなか消費してもらえないのです。

そういう時代にあって、これを消費者はほしがっている、ということをわかる人は重宝されます。マーケティングセンスがある、と言い換えることもできそうです。

ものづくりの技術は日々進歩していきますが、本当に消費者が必要としているものを作れるかどうかは別の問題だったりします。

そして、何が欲しいものなのか、を突き詰めるためには、実は高度な知識が必要なのです。日々の仕事を漫然とこなすのではなく、疑問や課題だと思うことに意識を向ける必要があるということです。

最近ではデザイン思考やアート思考など、ロジカルシンキング以外の思考法も多数出てきており、常識にとらわれていたら出てこないアイデアを出すためのメソッドが開発されつつあります。

のび太の素直な言語化能力はなかなか真似できるものではありませんが、「こんなものがあったらいいな」と考える癖をつけてみるのもいいかもしれません。

具体的行動
「問題解決」能力よりも、「問題発見」能力の方が求められる時代になっていくので、周囲に関心を持つようにしよう。

第2章

勉強するための
マインドセット

独学をしていくと、
情報への感度が高くなる

　第1章で勉強の重要性について説明をしました。第2章では勉強をしていくための心構えや、気をつけたいポイントなどを紹介していこうと思います。

　周囲と同じことだけやっていてもダメで、自分ならではの強みを磨いていくことが大事な時代ですが、学び方はさまざまで、MBAのための大学院に行くもよし、予備校に通って資格をとるもよし、ひとりで勉強するもよし、です。

　できれば誰かに教わったり、勉強仲間を見つけたりした方が勉強は進めやすく、その意味でも学校に通うメリットはあるのですが、「独学」という方法にもまたメリットがあります。**何といっても時間もお金も制約がないことです。**裏を返すとカリキュラムもない分、自分を律して勉強していく必要があるのですが、それができるということ自体が大きな強みになるのです。

　また、予備校などは全ての資格に対応しているわけではなく、学ぼうとしているテーマのマーケット規模が小さかったり、予備校側の準備が追いついていなかったりする場合、どうしても独学にならざるを得ません。そういう場合、自分で工夫して本を読ん

だり、勉強仲間を作ったりして勉強していく必要があるのです。

　独学のメリットは、お金をさほどかけずに、自分のペースで自分の興味を深めていくことができるということだと言うことができます。

　そして、そこで得た知識を発信していくと、何らかのレスポンスがあるかもしれません。そこからさらに学びを深めていったり、交友関係を広めていくことができたりするかもしれないのです。そうするとさらに情報が集まるようになり、さまざまなことへの感度が高まっていきます。

　さらには、学びを通じて脳の老化も防ぐことができ、健康で若くいることもできます。

　このように、独学にはメリットだらけですが、あえてデメリットをあげるとすれば、やるにしても時間が必要だということと、独りよがりになっていないか確認が難しいということです。時間を費やす以上、テーマ選びも重要になってきますし、独りよがりにならないように勉強仲間もいた方がいいでしょう。

　しかし、こうして時間をかけて勉強したテーマは、必ず武器になります。知識と人脈は、裏切らないのです。

具体的行動
　独学であれば、制約を気にせずに勉強できる。自分の強みを出すため、自分だけのテーマを探して独学しよう。

推論できる人は、
食うに困らなくなる

　21世紀の5分の1が終わり、学歴社会や年功序列・終身雇用の崩壊という言葉が使われ出して随分経ちました。もはや従来型の学歴秀才や知識偏重型の頭の良さでは通用しないことが定説となってきていており、思考法一つとっても以前から重視されていたロジカルシンキングに加え、デザイン思考やアート思考など、直観を重視するメソッドも出てきています。

　一方、競争社会、格差社会で勝ち組になるのはやはり頭の良い人であったり、高学歴などの文化資本を有する人なのではないかといわれたりする話もよく聞かれます。学歴が全てではないといわれつつも、中学受験が過熱している状況を見てみると、レースに参加しないと取り残されてしまうような気さえしてくる状況です。

　さらには、将来の可能性を探るべく「地頭」の良さで採用を決めようとする企業も多く、入社試験の出来の良さであったり、最終学歴以前の出身高校などであったりとさまざまな軸を模索しているようです。

　それでは、結局これからの時代で求められる頭の良さとは一体

何なのでしょうか？　認知心理学のモデルでは、**思考とは、知識を用いて推論を行うこと**とされています。

　ここでいう知識とは、数式や物の名前などの断片的なものだけではなく、料理の仕方や交渉術などの経験知も含んでおり、人間が経験や学習を通じて得た総合的なもののことです。そうして得た知識から、知らないことを予測できる力が求められています。

　要は、これまでに得た経験や知識から推論を行うわけなので、知識は多い方が有利なのです。ただ、知識が多くても使えなければ意味が無いので、そのためのトレーニングも必要になります。その意味では定石を覚えて対局する将棋や、解法パターンを覚えて問題を解く数学などは恰好のトレーニング材料になるといえるでしょう。

　いずれにせよ、知識があってそれに基づいて適切な推論をすることができる人は、問題が起こっても解決してくれる人だと思われやすいということができます。これは受験勉強だけでなく、日常生活全体にもあてはまることでしょう。

　具体的行動

　適切な推論を行うためには、幅広い知識とそれを活用するトレーニングが必要となるので、数学的思考力を高める訓練をしてみよう。

戦略的に勉強すると、年収を上げることができる

　あなたの周囲のことを考えてみてください。「仕事ができる」と思われている人に共通していることは何だと思いますか？

　「上司から可愛がられている」「大きな案件を先輩から引き継いだから売上を確保できている」など、実力ではなくて運がよかったのではないかという、ちょっとやっかみのような気持ちで見てしまうことがあるかもしれません。

　もちろん、そういう個別の要素も実際にはあるのだと思いますが、ここで少し、見方を変えてみてください。では、なぜその人はそういう幸運をつかむことができたのでしょう？　その背後には、大きな仕事を任せてみたいと思われる「何か」があったはずです。もうわかりましたね。その「何か」こそが、勉強だといいたいのです。

　社内でディスカッションをするにしても、社外でお客様と交渉するにしても、対話のテクニックだけでなく、知識が必要になります。その知識も、表面的なものではなく、自分事として掘り下げられていると周囲にも伝わりやすくなるのですが、このために必要なのが、勉強なのです。

　技術営業であれば技術の理系的な理解に加え、そうした知識が求められるようになった政治経済的背景を知っておくことが求められますし、新規の企画提案であっても、なぜ新しい企画が必要なのか、時代の背景や顧客のニーズを読み解く力が求められるのです。

　仕事をこうした観点から見直してみると、やはり成果を出すためには勉強が必要だといえます。

　雑誌『プレジデント』（2016年7月4日号）では、年収2000万円の人と年収500万円の人の勉強法を比較する記事が掲載されていましたが、年収2000万円の人の方が勉強時間を確保しており、社外のセミナーや勉強会にも積極的に参加しています。

　年収の高い人の方がスキマ時間を有効に活用し、かつまとまった勉強時間も確保していて、政治経済にも関心を持ち、本を読んでいるのです。医師や弁護士も昔のように資格をとれば安泰という時代は過ぎ去っており、常に知識のバージョンアップが求められています。**「教えてもらっていないから知らない」が通用しない時代です。**自ら知識を獲りにいき、能力を高めていきましょう。

具体的行動
　スキマ時間、まとまった時間を確保して、インプットを増やしていくことを意識しよう。

目標がないと、
頑張れない人が多い

　大人になってからの勉強が難しい理由はなんでしょう？　仕事が忙しくて勉強時間が確保できない、子育てでてんやわんやで勉強できる環境ではない、飲み会が多くて…など、色々あると思いますが、一番の理由は「動機がない」ということではないでしょうか。

　どんなに忙しくても、必要に迫られれば勉強できるものです。中学や高校時代に部活動と両立された方などは覚えがあると思いますが、目の前に受験というゴールがある以上、そこに向かって突き進むしかなかったわけで、大人になってからの勉強はその「ゴール」がないか、あっても遠すぎてやる気がしないということなのかもしれません。

　つまり、**社会人になってからの勉強というのは、その他に色々優先順位の高いものがある中で、「なぜ勉強をしなければならないのか？」という動機づけが難しい状況にあるのです。**

　第1章でも紹介したように、年を取ってくると体力や意欲も低下してくるので、余計に勉強に向かいにくくなってしまいます。動機がなければ勉強できない、ということは多くの人にとって自

然なことなのかもしれません。

　動機づけには、大きく分けて「**内発的動機づけ**」と「**外発的動機づけ**」の2つがあります。

　「内発的動機づけ」は、楽しいからやるというもので、こういう動機をもって取り組んでいることに賞を与えるとかえって逆効果になることがあります。

　「外発的動機づけ」は、いわゆる「アメとムチ」であり、やったら賞与などのご褒美を、やらなかったら罰金やクビなどのバツを与えるというものです。

　「アメ」と「ムチ」、どちらがいいか悪いかということではなく、また何が「アメ」になって何が「ムチ」になるのかも、人によっても、状況によっても異なるのです。そのため、**どういう動機づけが自分にとっては有効なのか、どれだけの動機を用意できるかが大事だといえるでしょう。**

具体的行動

　動機づけには内発的動機づけと外発的動機づけの、大きく分けて2種類がある。

　自分に合った動機を探して、やる気を維持しよう。

勉強で人脈ができると、さらに学びたくなる

　前の節で動機づけの考え方についてご紹介しましたが、社会人の動機づけということについて、もう少し詳しく見ていきたいと思います。

　かつて私が心理ビジネスのシンクタンクを主宰していたときに、何が社会人の動機づけになるかを研究していたのですが、「アメとムチ」を除くと、以下の3つの法則・9つの原理が大事なのではないかということを考えました。

①希望の法則
　1　頑張ればうまくいく
　2　十分にやれそうだ
　3　何をどうすればいいかわかる
②充実の法則
　4　面白い、確実に成長している
　5　自分で決めたことだから頑張る
　6　期待されている
③関係の法則
　7　安心できる

8　関心を持たれている

9　一体感がある

とくに日本では、③の関係の法則が重要ではないかと考えています。日本で米国流の成果主義を導入したときうまくいかなかったのは、日本企業の家族主義的なところを軽視したからだといわれることが多いのですが、仕事の成果として周囲より出世したり高い給料を手にすることよりも、承認を得たい、認められたいという感情が強い傾向にあることを見逃していたようにも思います。**日本人は仕事や勉強そのものよりも、そのプロセスや結果を通じて得られる「人との関係」に重きを置く傾向にあるのではないでしょうか。**

勉強をした結果社内で表彰されたということでもいいですし、MBA向けの大学院に通ったことで社外の人脈ができ、仕事上のパートナーになることも考えられます。

また、定年後に別の会社に呼ばれるということも考えられますし、人との関係を築けるということはビジネスパーソンにとってとても重要な動機だといえるでしょう。

具体的行動

人は努力したことが承認されたと思うと、さらに前向きに取り組むことができるようになる。勉強を通じて承認し合える仲間を見つけ、将来の可能性を広げよう。

何らかの動機を持つと、勉強が楽しくなってくる

　前の2節で動機づけについて色々ご紹介しましたが、人によって動機づけというのは異なるものの、何らかの動機を持つことで勉強が楽しくなってくるということは伝わったのではないかと思います。

　今までずっと営業をやってきたので、営業とは何かということを学問的に追究してみようと考えてビジネススクールに通うのもよいでしょう。あるいは逆に、もう少し人事的なことを勉強してみたいので社会保険労務士の資格に挑戦するということもよいかもしれません。

　大学入学時には、就職に有利だと思って経済学部を選んだものの、本当は芸術を勉強したかったので、学びなおすために通信教育の大学に入り直すということもよいでしょう。

　これまた逆に、大学入学時は文学部を選んだものの、働いてみてもう一度社会の仕組みを俯瞰してみたくなったから公共政策大学院に入る、ということもあるかもしれません。

　米国では一度社会に出た人がキャリアチェンジを意図して大学

院に入り直すということは珍しくありません。その意味では日本もグローバルスタンダードに近づいてきたのかもしれませんが、日本では会社を辞めることがリスクの高い選択だと思われているところがまだあるため、夜間の大学院など、働きながら続けられるところも多くなっています。高いリスクをとらなくても、そういう点で柔軟な活用が可能です。

　あるいは、そうした高尚な（？）目的だけでなく、**人気者になりたい、出会いが欲しいという動機であったとしても、問題ないと思います**。社内ではなかなかパートナーが見つからないから社外のコミュニティが欲しい、というような動機だからといっても、何ら非難されることではありません。向上心を持つ意欲の高いパートナーを欲することは、さまざまなリスクがある時代において、賢明な戦略なのかもしれません。

　何でもいいので、ゴールを定めることで、やる気が出てくることはもちろんですし、今やるべきことも明確になってきます。人間の欲はうまくコントロールできれば、社会を発展させるエネルギーになるのです。

具体的行動
　学ぼうとする目的や動機は何でもよい。強い動機を持ち、それをコントロールしながら学んでいこう。

自分を知ることで、
勉強の効率が上がる

　ここまで動機づけの話を読んできて、勉強のやる気が出てきた、早速勉強してみよう！　と思われたならば、とても素晴らしいことだと思います。ただ、いきなり何も考えずに飛ばしすぎると、息切れしてしまうかもしれません。

　では計画か？　というと、計画ももちろん大事なのですが、その前に、あるいは勉強を少しやりながらでもいいですが、自分の能力特性を分析してみることをお勧めします。

　あなたは、「覚える」ことと「考える」ことのどちらが得意でしょうか？　人には、大きく分けて「**記憶優位型**」と「**思考優位型**」の2つのタイプがあります。

　たまにその両方が得意な人もいて羨ましくなりますが、大体はどちらかが優位になるようです。

　なお、小さな子どもは大体記憶優位です。自動車や動物の名前など、ものすごい量の記憶をしている子どもがよくいますが、まさにその典型です。

　そうこうしているうちに思考能力が高まってきて、9歳くらいからは思考の側面が強く出てくるとされています。それまでは抽

象的な思考がなかなかできないことが多いようです。そのため、この段階は「9歳の壁」と呼ばれています（個人差はあります）。

　まず、自分は論理的思考が求められるものが得意なのか、あるいは知識の量を求められるものが得意なのかを考え、その得意を勉強に活かすようにするのです。

　ちなみに私は思考優位型で、数学や理科は得意だったものの、人の名前や年号を覚えなければならない日本史、世界史は苦手でした。でも、それは仕方がないことです。歴史がダメなら、それを受験科目から外し、得意な科目で点をとればいいと考えたのです。できないことを嘆くより、できることに目を向けましょう。

　思考優位なのに暗記をしなければならない場合、他のこととの関係を意識しながら覚えることができないか、あるいはその勉強のかわりに他の勉強で代替できないか、などを考えます。

　暗記優位の場合、まずは正解パターンを暗記してしまい、いくつか暗記した後にどうしてそうなるのかふりかえってみるなど、戦略を色々考えることが重要だと思います。

　自分がどちらに強いかわからない場合は、少し勉強を進めながら考えてみてもいいかもしれませんが、いずれにしても自分を知ることが大切です。

具体的行動

　「記憶優位型」か「思考優位型」かで、勉強の進め方が変わってくるので、自分がどちらのタイプか分析し、作戦を立てよう。

まず自分を知る②

能力特性がわかれば、目標を立てやすくなる

　前の節では、自分が「記憶優位型」なのか「思考優位型」なのかを知った上で、何を勉強するか、どう勉強するかを変えるのがよいというお話しをしました。ここでは、能力特性を仕事などに活かすときの考え方をご紹介します。

　自分の能力特性を理解できているということは、自分の知的機能や人とのつきあい方を客観的に認知する「**メタ認知**」がうまく働いているということになります。自分の強みと弱みがわかれば、普段の仕事についても、自分に向いたものを選ぶことができるようになるのです。

　数字が苦手なのに経理部にいたら、力を発揮するのは難しいかもしれません。人の名前を覚えられなければ、人事部には向いていないかもしれません。

　そうした場合に、自分の能力特性を分析し、自分に向いている部署に異動させて欲しいと願い出ることは、かつてであればわがままとして切り捨てられたかもしれません。あるいは人事考課でマイナスの査定になることだったかもしれません。多少苦手だったとしても、できる仕事が増えることが会社にとっても社員に

とっても幸せだという考え方があったのです。

　しかし、昨今こうした能力特性の違いを無視することは、モチベーションの低下や周囲とのコンフリクトにより早期離職にもつながりかねず、リスクだという考え方が広まってきました。そのため、自己申告制度などが導入されている会社も増えてきており、適材適所という意識は以前より強まっているのです。

　自分の特性がわかれば、職場でやりたい仕事と紐づけて考えることができ、やりたいことに向けて能動的にアクションを起こすことができるのです。やりたい仕事に手を挙げて、自分にあった仕事を得て成功する可能性も高くなります。

　転職に際しても、発想力があるなら企画職や起業的風土のある職場、コミュニケーションが得意なら営業の仕事というように、自分にあった仕事を選びやすくなります。逆に、自分にできないことを見極めて、場合によっては「できない」とはっきり意思表示することも大切です。

　与えられた仕事は何でもやらなければならないと考えていると、いつの間にか仕事のできない人間とみなされていた、ということにもなりかねません。自分の身を守るのは、自分しかいないのです。

■具体的行動
　自分の特性を分析し、やりたい仕事、やりたくない仕事を認識するようにしよう。

好きなテーマを持つと、のめり込むことができる

　さて、何か勉強を始めてみようかと思ったものの、何をやりたいのかわからない、何をやったらいいのかわからない、という方も多いと思います。

　勉強のテーマはこの世の中に無数に存在しています。一方、私たちの時間は有限であるため、勉強するテーマを選ぶということは、とても重要な問題なのです。

　たとえば、定年後に備えて資格を…と考えて司法書士の受験を思い立ったとしましょう。しかし、法学部出身でもなく、法律にかかわる仕事をした経験もなく、テキストを読んでも全く理解できないという場合、勉強はかなりの苦行になるのではないでしょうか。

　無理をしてやりたくない勉強をしても、理解できない自分が嫌になってしまう。仮に苦労の末試験に合格できたとしても、興味のない仕事を続ける人生が待っている…として、モチベーションが上がるでしょうか？

　生きていくためには仕方ない、という事情もあるでしょうが、どうせなら勉強していて楽しいテーマを選びたいものです。

　やはり、自分にあった勉強を見つけるのがよいと思います。勉強のテーマはさまざまですが、とにかく楽しい勉強に取り組むのが基本です。自分がしている勉強が楽しかったり、面白かったりすると、充実した毎日を送ることができるからです。これは、自分の強みと弱みを見極めて、強みを活かすために勉強する、ということでもあります。

　「勉強をして、この分野なら負けないという自負を持つ」
　「勉強の成果を話して、周囲から認められたい」

　こういった感覚を持つことは、人にとって「**快体験**」だということができます。「快体験」は感情を活性化し、老化を防ぐ効果もあります。
　好きなだけでは食っていけないと思う方は、「好き」を「強み」に置き換えてみましょう。とにかく歴史が好きだけど、それだけでは食っていけないと思うのであれば、「教える」ということを強めてみるのもいいかもしれません。自分の「好き」と「強み」を分析して、勉強テーマを見つけていきましょう。

具体的行動
　好きなこと、得意なことを勉強すると、没頭することができ、成果にも繋がりやすい。まだテーマが見つかっていない場合は、いろいろなことに興味を持つようにしよう。

「わかった」気になると、
勉強は進みやすい

　勉強のテーマを選ぶときには、面白いと思うものを選ぶことはもちろん大事ですが、同時に「わかる」と思えるテーマであることも重要です。

　勉強のモチベーションが上がらない理由として、「勉強は苦しい」「勉強は辛い」という思い込みがあることが挙げられます。しかし、仕事に置き換えて考えてみればわかりますが、最初は苦労する課題であっても、次第に慣れてきたり、楽しくなったりするということがあると思います。

　逆に、いつまで経っても慣れなくて、苦しさ、難しさを感じるような仕事は、積極的にはやりたいとは思わないのではないでしょうか（中には、わからないもの、難しいものほど楽しいと思う人もいます。数学の難問を解くのが好きなタイプなどです。こういう人は定石を多数知っていて、無数の組み合わせの中から選んでいくことが好きなのだと思われます）。

　勉強も同じで、大体の人は、難しいと思うものは嫌でしょう。私も、受験生に指導するときは、できる科目から取り組ませたり、不得意科目も難易度の低い参考書や問題集からスタートさせ

たりするようにしています。受験生にとっては、「わかった」という体験が、「できるかもしれない」という自信ややる気にも繋がります。

　大人が独学で勉強に挑むとき、1ヶ月ほど勉強してみて、それでもさっぱりわからないと思ったら見切りをつけてしまってかまわないでしょう。

　ただし、それはテキストが悪かった可能性もあるので、場合によってはテキストのレベルを下げて、再挑戦してみてもいいかと思います。

　どんな入門書を読んでもピンとこない、本を読むスピードが上がらないのであれば、やはりその勉強とは相性が悪かったと結論づけられるのではないでしょうか。

　相性のあうテーマであれば、1ヶ月もすれば「わかる」という体験が積み重なってきます。テキストを読むスピードも上がってくるでしょう。そして、それ以上に勉強が楽しくなってくるはずです。

具体的行動
　1ヶ月程度勉強してみて、あわないと思ったらテキストのレベルを下げてみるか、それでも無理ならば別の勉強を選ぼう。

古くなるテーマを選ぶと、勉強を続けるのが難しくなる

　面白いテーマ、わかるテーマを勉強した方がよいということを説明してきましたが、もう1つ付け加えるとすれば、**古くならないテーマの方が勉強を続けやすい**ということです。

　日進月歩、すぐに最新の知見が出て今までの成果が古くなってしまうようなテーマ（たとえば科学技術など）は、刺激も多いかもしれませんが、最先端を理解するレベルに持って行くこと自体が難しいことに加えて、そのまま最先端に居続けるだけでも相当な労力を必要とします。

　そのことに全てをかけている科学者や技術者がいることを思うと、ある意味当然のことかもしれませんが、無理をせず、ある程度の知識で満足することも必要かもしれません。

　一方、人文社会科学系の学問などはそう簡単には古くなりません。哲学や心理学、歴史などは何十年勉強しても掘り下げていくことが可能ですし、昔の研究が見直されることもあります。つまり、古い文献にも参照する価値が十分にあるということです。

　心理学系の勉強は、社会に出てさまざまな人と出会ってきた人の方が、経験知を活かすことができるでしょう。哲学も、仕事を

通じて見えてきた世界に対する問いかけから始めるということも
あり得ると思います。

　長年会社勤めを続けながら、趣味で小説を書き続けている人も
いますし、私自身、ずっと映画監督になろうと思い続け、47歳
になって初めての監督作品である『受験のシンデレラ』を世に送
り出すことができたのも、学生時代からの夢をあきらめずに映画
の勉強を続けてきたからだと思います。

　そもそも、医学部を選んだのも映画で食べていけなくても大丈
夫な仕事をできるようにするためでした。ライフワークとして取
り組めるテーマがあると、日常が楽しくなります。

　長期にわたって蓄積されていくテーマか、ずっと更新されてい
くテーマか…選ぶのは自分自身ではありますが、性質が違う物で
あるということを認識しておく必要はありそうです。

　資格系の勉強の場合は、数年単位で試験範囲が変わったり、法
律が変わって全面的に刷新されたりする可能性もありますので、
そうした情報も意識しておくようにしましょう。

具体的行動
　蓄積されていくジャンルと更新されていくジャンルでは、勉強のし
やすさが違うことは意識して、勉強するようにしよう。

昔のテーマを学びなおすと、以前より早く理解できる

　勉強するテーマの見つけ方の1つとして、自分が学生時代にやっていた勉強をやりなおしてみると、学生時代の頃以上に効率よく学ぶことができることが多いものです。

　「一応経済学部だったけど、当時はあまり勉強する気がしなくて…」
　「法学部でちょっと司法試験の勉強をしたけど、すぐに挫折してしまって…」
　「理工学部だったけど、研究は向いてないと思って学部を出てすぐに就職した。でも、もっと勉強すればよかったかなあ」

　という方が、社会人経験を経て、仕事に触れる中で「あれ？ これって学生時代に勉強したことかも…」と思うことがあるかもしれません。
　そうした経験が多いと、勉強を進めるための味方になってくれます。また、当時はわからなかったとしても、学生時代に初めて触れたときよりも俯瞰的に物事を見ることができるようになっているものです。

　私自身、30歳を過ぎて留学しましたが、膨大な量の精神分析関係の英文と対峙する必要があり、さてどうしようかと思いましたが、やってみると案外何とかなるもの。大学受験から10年以上のブランクはあったものの、読み始めてみると当時の英語のカンが蘇ってきました。

　最初は徹底的に辞書を引きながら読んでいましたが、次第に辞書がいらなくなり、全く苦ではなくなったのです。どうしても耳はネイティブにはかないませんでしたが、事前に資料を読んでおけば英語の講義やプレゼンテーションを聞いても大体の意味を把握できるようになりました。

　昔得意だった勉強は、再開したときに前回以上に伸びます。また、経験が味方してくれるので、昔は苦手だったことも案外できるかもしれません。

　受験生時代や大学時代に得意だったものがあれば、再チャレンジしてみる価値は十分にあるといってよいでしょう。是非挑戦してみましょう。

具体的行動

　昔やっていた勉強をやるとかつてよりも早いペースで学ぶことができるので、やったことのあるテーマから再チャレンジするものを探してみよう。

日頃の不満を掘り下げると、学びが深まりやすい

　何を学ぶかという問題は、時間に限りのあるビジネスパーソンにとってはとても重要なテーマです。ここを失敗すると、せっかくの時間が無駄とまではいわなくても、十分に活かし切れない可能性があります。

　テーマ探しの方法の1つに、「**普段から、自分がモヤモヤしていること、不満に思っていることを掘り下げる**」という方法があります。

　たとえば、職場の人間関係に不満があったとします。そこから心理学を勉強するという手もありますし、組織論を勉強するという方法もあります。いずれにせよ、自分事に置き換えて考えることのできるテーマですので、腹落ちしやすいことでしょう。そこからさらなる学びにつながるかもしれません。

　あるいは、会社からの業務命令に不満があったとします。自分が注力したいと考えている領域と会社が注力しようとしている領域に齟齬が生じた場合、だまって従うのではなく、どうして自分がこちらに注力しようと考えているのか、市場の背景などをリサーチしてみるのです。

　調査をもとにプレゼンすれば、有力な材料となります。仮に自分の主張が通らなかったとしても、なぜ会社がこの方針を採用したのかということも明確になるでしょうし、意欲の高さが評価に繋がることもありえます。

　いずれにしても、自分が不満に感じたことには、解決策を考える価値がありますし、ビジネスのよいヒントが見つかることも多いのではないでしょうか。

　是非、手帳やメモなどで不満に感じたことを書き留めておき、その中で勉強に値するテーマがないか考えてみて下さい。きっと、色々なテーマが見つかるはずです。

・コスト削減とばかりいわれるけど、売上や利益との関係はどう考えているのだろう？
・働き方改革といわれているけど、従業員にとっても会社にとってもハッピーな仕事の仕方ってあるのだろうか？
・事業同士の連携がうまくいっていないように思えるのだけど、全社戦略の立て方はどう考えればいいのだろう？

　不満を単なる愚痴やわがままで終えるのではなく、勉強のテーマにできれば、周囲の人も喜ばせることができるでしょう。

具体的行動
　常日頃から、自分がどういうことに不満や問題意識を持っているか考え、それを学びに活かせないか掘り下げよう。

効果を綿密に検討しないと、時間を無駄にすることになる

　小学生のとき、私は落ち着きがなく、授業中の立ち歩きの常習犯でした。母は私にこういいました。「あんたは変わりもんやから、会社勤めはできんやろ。医者であれ、弁護士であれ、なんか資格を取らへんと、食べていかれへんよ」と。

　変わり者に生まれた以上、変わっていても食べていくためには、勉強をしっかりやるしかないと思い、勉強に励んだのです。

　このことが、今に繋がる原動力になったと思います。そして医師になったのは、好きな映画を撮るためだということは「018 長続きするテーマを選ぶ」のところでもお話ししましたが、色々不祥事が起こっているにもかかわらず、医師は今でも人気の資格です。しかし、国家資格であるがゆえに、制度の仕組みは国がにぎっていて、いつまでも安泰だとはいいきれない側面もあります。

　難関資格は取得までにそれなりに時間とお金、労力をつぎこむ必要があり、それに見合う収入を得られるかどうかがカギになります。とくに既に働いている人の場合、資格を取得するために離職しなければならないものであれば、かなりのリスクを伴うといってよいでしょう。

　かつて私は『大人のための勉強法』（PHP新書）の中で、教員免許は取るのが難しいにもかかわらず、採用がほとんどないということを書きました。

　それから20年経ち、教員の採用自体は増えましたが、対応しなければならない仕事は増え、激務の代表格といわれるようになってしまいました。以前とは違う意味で資格を取得する意味を問われる時代になったといえます。

　とくに働いている人にとっては、**資格取得を考える際には、自分のこれからの仕事に活かしていけそうか、そして時間とお金と労力をつぎこんでも生活が破綻しないか、しっかり考えて挑むことをお勧めします。**

　無論、資格取得の勉強が趣味だという人も中にはいらっしゃるので、それはそれで全く問題ないと思います。あまり関係のなさそうな資格をいくつか取得し、それらをうまく結びつけることができれば、思わぬ力を発揮する可能性も十分にあります。

　いずれにせよ、興味のありそうな資格を調べてみることはとてもよいことだと思いますので、アンテナを張っておくようにしましょう。

具体的行動
　資格試験の勉強をするのであれば、それをどうやって活かすかイメージした上で始めるようにしよう。

男性ホルモンが不足すると、学習意欲が低下する

　3章でも詳しく紹介しますが、認知症などの場合を除き、歳を取っても記憶力が落ちるということはあまりありません。記憶力が低下したと思うのは、勉強の仕方に問題があるケースがほとんどです。それよりも問題なのは、意欲が低下してくることです。頭を使うのが億劫になったり、歩くのが億劫になったりしてくるのです。

　若いうちはあまり気にならない意欲の低下ですが、原因は前頭葉の老化と、男性ホルモンの減少によるものです。とくに男性ホルモンの減少は、ダイレクトに影響してきます。代表的な男性ホルモンであるテストステロンは、意欲や気力、集中力や判断力、攻撃性、好奇心、人づきあいと密接な関係を持つホルモンなのです。

　個人差はあるものの、40代の後半から男性ホルモン分泌量は減少してくるといわれています。

　また、前頭葉は感情のコントロールと意欲と創造性を司っています。そのため、前頭葉が老化すると感情をコントロールできない、何もやる気もしないという状態になってしまい、ホルモンの減少との相乗効果で一気に老け込んでしまう、ということなのです。

では老化は防ぎようがないかというと、そんなことはありません。男性ホルモンを保つためには、投薬などの方法もありますが、基本的には食生活の改善が有効です。

男性ホルモンの原料となるのはコレステロールであるため、**中高年になってからも積極的に肉食を取り入れることが、男性ホルモンの維持につながります。**

コレステロールを抑えた方が心筋梗塞のリスクを減るという見方もありますが、日本では心筋梗塞で亡くなる人は欧米に比べて少ないので、過度に抑制しない方が賢明でしょう。

前頭葉は、不測の事態に対処するときに活性化します。同じことばかり繰り返していると、すぐに衰えてしまいます。**小さなことでもいいので、意識的に変化を取り入れましょう。**たとえば、毎日、違うお店で昼食をとってみるのも通常であればいい方法です。現状、コロナのせいで難しくなってしまいましたが、その中でもお弁当に変化を加えるなど、できることはあるはずです。

自分の生活がルーティン化していないか、変化のほとんどない日常を過ごしていないか、定期的に自分でチェックをしてみることです。

そうして、意識的に変化や刺激を取り入れていくことが前頭葉の衰えを防ぎ、老化を遅らせて若々しく過ごすためのポイントになってきます。

具体的行動

男性ホルモンを保つこと、適度な刺激が必要。肉を食べ、意識的に日常に変化を取り入れよう。

勉強を習慣化できれば、勉強しないと不安になる

　勉強を始めようと思っても、三日坊主になってしまうのではないかという不安をお持ちの方も多いかと思います。最初にたくさんのお金をかけて教科書などを買っても、続かなければ時間とお金の無駄…そういう経験を何度かされた方もいらっしゃるかと思います。

　次にご紹介するスモールステップのところでも詳しく紹介しますが、いきなり高すぎるハードルを自分に課すと、長続きしにくくなります。少しずつでもいいので、まずは勉強が辛くなく、「これならば明日もできそうだ」と思うことが第一です。

　そして、これがもっとも大事なことですが、**その勉強を翌日も続けることです。**少ない時間でも大丈夫です。とにかく、朝なら朝で同じ時間に勉強をすることが大事です。それを続けるうちに、勉強が習慣化されてきて、勉強しないと気持ち悪くなってくるのです。

　「そんなにうまくいくかなあ？」と思われるかもしれませんが、歯磨きの習慣について考えてみてください。大半の人は理由を意識して歯磨きをしているわけではないと思います。もちろ

ん、虫歯にならないようにするためだとか、口臭で周囲に不快な思いをさせないためだとか色々な理由はありますが、それ以前に、毎日歯磨きをする時間に磨かないでいると、何となく気持ち悪く感じるのではないでしょうか。

それは、歯磨きが習慣化されているということです。あることが習慣化されると、やらないと不快感を覚えるようになってきます。勉強も同様に習慣化してしまえば、毎日やらずにはいられなくなります。

三日坊主にならないために、一番のハードルはここなのですが、**習慣化させるという意識を持つことが大事です**。それが難しいと思われるかもしれませんが、いきなり無理な目標を自分に課すのではなく、小さな目標、「スモールステップ」から取り組んでいくのです。たとえば、まず4日続けてみることを意識してみてはいかがでしょう？　三日坊主より一日多く続いたという自信が持てれば、じゃあ次は一週間が目標、と徐々に伸ばしていくことができます。

どこまで記録を伸ばせるか、カレンダーに記入しているなどしていると、気づいたら習慣になっているかもしれません。「継続は力なり」なのです。

具体的行動

習慣化できるまでが1つのハードル。それをクリアするまでは多少辛くても継続を心がけよう。

小さな目標を立てると、できたことが明確になる

　ここでは、前の節でも少しご紹介しました「**スモールステップ**」について詳しく見ていきたいと思います。

　大きな目標を持つことは大切です。しかし、一気に頂上を目指して駆け上がろうとすると、あっという間に息切れをしてしまい、疲れた割にあまり目標に近づいていないことにショックを受け、やる気をなくしてしまいがちです。

　たとえば、最近はマラソンがブームですが、フルマラソンを走りきるのは大変なことです。先を走るランナーが視界に入っていれば、追いつこうと頑張ることができますが、先行のランナーが見えてこないとなかなか頑張れないものです。

　そのため、大きな目標をいくつかの小さな目標に区切ってみていくのです。たとえば、試験に合格するためにテキストを読破するというのがひとまずの到達点だとしましょう。テキストが200ページあるとして、さあこれをクリアしよう、読めるだけ読もうと頑張って10ページ進めてみても、残りはまだ190ページもある…。そう考えるとやる気がなくなってしまいます。

　そうではなく、たとえば1日5ページずつ進めるというスモールステップを立ててみたらどうでしょう？　仮に7ページ進んだ

ら、スモールステップの5ページをクリアできたことが嬉しくなるのではないでしょうか？　スモールステップを超えた分を「貯金」と考えてみると、貯金を増やしていくことが楽しみになったりもします。

　また、動機づけのために、達成できた場合の報酬、つまり「アメ」を用意しておくことは有効ですが、どれほど魅力的なアメであっても、それがあまりに高いハードルの先に用意されていたら、得ようという気にはなれません。

　普段テストで50点くらいしかとれていない子に対して、「100点をとったら海外旅行に連れて行ってあげよう」といっても、あまりにかけ離れすぎていてやる気が出ないのではないでしょうか。そこで、**大きなアメではなく、ちょっとしたアメを用意するのです。**

　「この問題集をここまでやったら、好きなお酒を飲もう」「次の試験で10点上がったら、ステーキを食べよう」というふうに、小さな目標の先に、ささやかでもいいので報酬を用意しておくようにすると、やる気が持続しやすくなります。

具体的行動

　ゴールに向けていくつかの小さな目標を設定し、それをクリアできたら自分にご褒美をあげるなどして、楽しみを設けよう。

勉強仲間を作ると、支え合い切磋琢磨できる

　独学を勧めておいて矛盾するように感じるかもしれませんが、勉強仲間を作るというのもお勧めです。

　もともと独学をお勧めしているのは、自分の強みを伸ばすためですので、伸ばしたい部分を一緒に伸ばせる仲間がいるのであれば、協力した方がよいのです。前の節で、先行のランナーがいないとマラソンも頑張れないという話を書きましたが、これは見方を変えると、一緒に頑張れるライバルや仲間がいた方がやる気が出る、ということなのです。

　わからないことを教え合ったり、勉強法について相談したりと、お互いに支え合うこともできるのです。

　中高生の頃、「全然勉強してないよ〜」といっておきながら陰で勉強していい成績をとっていた友人などがいたかもしれません。そういう人を格好いいと思う向きがあるのかもしれませんが、大人になってから勉強していることを周囲に隠しておいても、得をすることはあまりないと思います。

　勉強していることを周囲の人に知られると、妨害される心配があるという人もいるかもしれませんが、飲みに誘われる程度の妨

害であれば、断れば済むことです。むしろ、勉強していることを知って、力になろうとしてくれる人の方が多いのではないでしょうか。

あるいは、勉強しようとするとやっかみを受けたり、嫌がらせを受けたりするような職場であれば、早々に見切りをつけるというのも手かもしれません。

また、勉強していることを人に話すと、公言した手前、あとには引けなくなるという効用もあります。禁煙や英会話なども、周囲に始めたといってしまったら、やり遂げたり成果を出したりしないと格好悪いという気持ちが生まれるものです。

やらざるを得ないという状況に自分を追い込むために、あえて公表するというのも手です。

勉強仲間を増やすために、社内から目を転じて、すでに勉強を始めている人、成果を出した人のコミュニティに参加するというのもいいと思います。**勉強のコツや参考書の選び方などは、うまくいっている人に尋ねるのが一番です。**すでに勉強が進んでいる人たちと交流を持てば、そのような情報を得る機会も増えます。また、後々活動の幅を広げるためにも有益なネットワークとなるでしょう。

具体的行動

同じ勉強をしている人同士で繋がることを意識してコミュニティを探すようにしよう。

目標とする人がいると、その人から多くを学べる

　学ぶテーマが決まったら、次はそのテーマの「師匠」を決めることをお勧めします。MBAなどのための大学院に通ったり、ダブルスクールに通ったりする場合はそこで教鞭を執る先生でもよいかもしれませんが、独学の場合でも、「**師匠**」を決めておくとよいと思います。

　独学なのに師匠とは矛盾していると思われるかもしれませんが、頭の中まで「独り」である必要はありません。自分の興味のある分野のパイオニアとして、目指す人がいる方が燃えてきますし、師匠と思うのは人の勝手です。実際に会わなくても、一方的に師匠と呼んでしまえばよいだけですから。

　自分の学びを導いてくれるガイド役として、師匠を探しておくことには大きな意味があります。では、どうやって選ぶのでしょう？　師匠を選ぶときの大事なポイントとして、まず、「**わかりやすく基礎を教えてくれるか**」ということがあります。精神分析を学ぶのであれば、精神分析の基礎についてわかりやすく教えてくれる人を師匠にするのです。

　肩書きで選ぶ必要はありませんし、そういう選び方は大体失敗

します。肩書きが立派であっても、その後努力を怠っていれば意味がありませんし、教えるのがうまいかどうかは別問題です。これだ！　と思った入門書を書いた人や、わかりやすい講義をする人を選びましょう。

次に大切なポイントは、「世間一般の常識とは違う視点を与えてくれる」「普通とは違う視点から発想してもいいと思わせてくれる」ということです。

これは基礎が身についた上での話ではあるのですが、常識的なことを知っているだけでは、相手の話題についていくだけで精一杯です。これからの時代、人と違うことを知っている、人と違う発想ができるということが求められてくるのです。

そのため、人と違う視点をもっている人を師匠ということにするだけで、自分の独自色を出すことができるといっていいでしょう。あとは師匠を真似ればいいのですから。

独自色を出し過ぎてしまうと嫌われるのではないか、敵を作るのではないかと思われて、無難な人を選ぶかもしれません（あるいは誰も選ばない）。しかし、そうやって自分を押し殺していくことは、続けていて楽しいでしょうか？　そういう抑圧から自分を解放するためにこそ勉強するのだと思えば、恐れる必要はないことに気づくはずです。常識を疑い、自らの視点を持つようにしましょう。

具体的行動

入門書を読んでみて、わかりやすい本を発見したら、同じ著者の本を何冊か買って読んでみよう。

027 若さを保つ勉強

勉強をすると、
「感情の老化」も防げる

　日本はかつてないほどの超高齢社会に突入しています。人生100年といわれる時代になり、最初の20年の勉強だけで事足りるはずはないことは自明ですらあります。現役時代を生き抜くためにも、「知」のブラッシュアップが欠かせません。

　また、平均寿命が長くなってきたことを受けて、老後の人生をいかによいものにしていくかが問われています。せっかく地位や名誉、財産を手にしても、病気でQOLが下がってしまうと、十分に楽しめなくなるので、できれば健康でありたいというのが本音だと思います。

　とくに、認知症が進むことへの恐れは年々高まっているように思います。脳血管障害など、多少は予防法が確立しているものもありますが、頭を使わないことによる老化はできる限り防ぎたいところです。

　では、どうすればよいのでしょう？　**実は、勉強をすることで、脳の老化も防ぐことができるのです。**

　身体の例でいうと、若い頃であれば病気や怪我で数ヶ月寝たきりになってもその後の回復は比較的容易ですが、高齢者の場合、

インフルエンザをこじらせて1ヶ月寝ているだけで、脚の筋肉が落ちてしまって寝たきりになってしまうリスクがあります。

　脳についても身体と同じことがいえるのです。高齢になって本を読まなくなったり、人との会話が少なくなったりすると、刺激が少なくなり、認知症のようになってしまうことがあります。しかし、勉強をして刺激を得ることで、脳の老化も防ぐことができるのです。

　脳の老化というと知識や思考力が低下すると思いがちですが、実は、影響を受けやすいのは感情面です。脳の萎縮は、感情の切り替えや意欲をつかさどる前頭葉から始まるからです。

　感情変化が乏しくなると意欲も低下し、頭を使わなくなって体も動かさなくなっていく…という負の連鎖を生み出さないためにも、感情の老化を防ぐ必要があり、そのためにも勉強、とくに好きなことを勉強することが役に立つのです。

　たとえば、大学の通信教育課程などに入学するというのも悪くないと思います。色々な年代の方が通われていますし、若い世代の人と接することで、気持ちも若く保つことができます。仕事の合間にも、好きなテーマを見つけておくとよいでしょう。

具体的行動

　脳は使わないでいると、感情や意欲を司る前頭葉から老化していくので、日常生活にアクセントをつけたり、新しい出会いを求めたりするよう心がけよう。

頭を使っていると、寿命そのものも伸びる

　にわかには信じがたいかもしれませんが実は、勉強を楽しんでいると長生きにもつながる可能性があります。既にいろいろな本で紹介している話ですが、オランダのフライ大学のシュミッツらが、アムステルダム郊外に住む55〜85歳の男女2380人を対象に、4年後の死亡率調査を行いました。

　どういった条件が死亡率に影響を与えるのか分析したのですが、一番影響したのは、やはり年齢でした。

　高いほど死亡率が高いというある意味で当たり前の話ではあったのですが、次に影響したのが情報処理速度（アルファベットの並べ替え）だったのです。このテストの上位1200人にいるグループは、残りの下位1180人のグループに比べて、4年後の死亡率が3分の1程度だったのです。

　また、流動性知能（一部が欠けた図形を見せて、欠けた図形に一致する図を選択させるパズルで評価）についても、上位グループは下位グループの死亡率の半分以下で、ガンの有無の違いを上回る差でした。

　そして、意外に思われるかもしれませんが、学歴による差は、

ほとんど無かったのです。中卒、高卒、大卒で分けて調べたのですが、中卒の人の死亡率がやや高く出たものの、この結果は20世紀の高学歴化の裏返しで、中卒の人の平均年齢が高いということが主な理由でした。したがって、同じ年齢であれば、学歴が余命に与える影響は少ないといえるのです。

　にもかかわらず、認知能力の差が余命に影響を及ぼしているということは、どういうことでしょうか？

　これは、若い頃いかに勉強を頑張ったかということよりも、学校生活を終えた後も頭を使い続けたか、年をとってからも知的レベルを維持できているかどうかが重要だということを意味しているのです。

　健康のためというとつい運動だ、スポーツだということに気が向きがちですが、**過度な運動は体を酸化させるおそれもあり、医師としてはお勧めできません**。朝の目覚めに軽い運動をするのもよいのですが、ほどほどにとどめておくべきでしょう。それよりも、**勉強こそが長生きの秘訣だ**ということは覚えておいて損はないと思います。

　　具体的行動

　歳をとってからの勉強は、健康を維持することに役立ち、さらには寿命自体も伸ばす可能性がある。カルチャーセンターに通うもよし、市民講座に参加するもよし。楽しめる学びのテーマを探そう。

EQを高めておくと、勉強がうまくいきやすい

　随分前になりますが、20世紀の終わり頃に、IQ（知能指数）が高いだけの人は性格が悪く、EQ（心の知能指数）の方が大切だ、ということがいわれたことがあります。こういわれた背景には、受験勉強ばかりやっているガリ勉は心を置き去りにしていて人の気持ちがわからない、というメディアのキャンペーンがあったように思います。

　しかし、少し考えてみればわかりますが、**IQとEQの高さというのは相反するものではなく、両方を高めていくことが可能なのです**。もともとEQを広く紹介したダニエル・ゴールマン氏も、IQを否定したかったのではなく、EQ的な教育も大切にしようといいたかっただけなのです。

　EQの要素とは、①自分の感情を正確に知る、②自分の感情をコントロールできる、③楽観的に物事を考える、④相手の感情を知る、⑤社交能力、の5つになります。

　一般的には、IQは加齢にともなって低下していくが、EQは加齢とともに高まっていくと思われているのではないでしょうか。「人生経験を積めば丸くなる」ということなど、その文脈で使わ

れる言葉のような気がします。

　しかし、実は逆で、IQは歳を重ねても下がらないものの、EQは40歳を過ぎると低下していく傾向にあるのです。これには前頭葉の萎縮やホルモンバランスなどが関係しているようですが、そうした傾向があるということを、認識しておくだけでも大分違うと思います。「人生経験で丸くなる」のは実は自明なのではなく、そうあろうと意識して初めてできることなのかもしれません。

　ともあれ、**EQが高いということは勉強を進める上でもとても役に立ちます**。感情のコントロールがいいほうが勉強ははかどるでしょうし、他人への共感力があり、コミュニケーション能力があれば、味方も作りやすくなります。

　勉強を進めるにあたって応援してくれる仲間が増えれば、勉強が進みやすくなるということは想像に難くありません。話が弾みすぎて飲み会になってしまうということもあるかもしれませんが、そういう息抜きも大人にとってはとても大切なことなのです。

　欲張っているように思われるかもしれませんが、IQとEQ、ともに高めるつもりで勉強を進めるのがよいでしょう。むしろ、こういうときは欲張るくらいが刺激的でちょうどよいのです。

具体的行動

　IQとEQ、ともに高めていくために、好奇心を失わずにいろいろな場所に顔を出し、人と交流するようにしよう。

第3章

インプットの効率を
上げるトレーニング

復習を継続することで、何歳でも記憶力は落ちない

　人が「ああ、年を取ったなあ」と思うのはどんなときでしょうか？　外見の変化や体力の衰えなどもあるかもしれませんが、人の名前を思い出せなくなったときに感じるという人も多いのではないでしょうか。

　最近は携帯電話に電話番号を登録させていることや、名刺をスキャンするアプリなどが活用されるようになったこともあり、以前より人の名前を覚えなくてもよくなってきたという事情もあるのですが、人やものの名前を思い出せずに「彼、彼」や「あれ、あれ」などといってしまい、老化を感じたという人が多くいらっしゃることと思います。

　実は、**加齢によっては、記憶力は低下しません。**どういうことかというと、若い頃に勉強したことを覚えているのは、繰り返し復習をしていたということと、その後も使っているからということが大きな理由です。

　私の本などでも度々紹介していますが、「エビングハウスの忘却曲線」というものがあり、忘却は覚えた直後に一番進み、その後ゆるやかに進んでいくといわれています。

　そのため、学習したらすぐに復習して、その後少し間を空けて復習、さらに間を置いて復習というサイクルを繰り返しているうちに覚えたという経験をした人も多いのではないでしょうか。この忘却スピードは、加齢による影響をあまり受けないのです。

　それではなぜ、物覚えが悪くなったように思うのかというと、2つの理由があります。第一に、あまり復習をしなくなるからです。これが思い当たる人は、重要だと思うことを再度復習してみてはいかがでしょう？　きっと、記憶として定着することでしょう。

　そして第二に、記憶力ではなくて意欲が低下している可能性がある、ということです。たくさんの人と出会ううちに、新しい出会いがあっても以前ほど強い印象が残らなくなってしまうのです。人の名前や特徴を覚えるために頑張ることも疲れると思ってしまうのでしょう。

　また、**年を重ねると、単純に記憶するより、意味を含めた記憶が得意になる傾向があります**。細かな数字よりも、意味がわかっていることの方が重要な、想起しやすい記憶だからです。付帯的な知識もあわせて覚えると効果的で、こうした記憶をエピソード記憶とよびます。

具体的行動

　記憶力自体が落ちるわけではないので、覚えようと思ったことは復習をして、意味を付与して覚えるようにしよう。

記憶する過程は、
3段階に分けて考える

　記憶のプロセスは、まず「覚える」「保つ」「思い出す」という3段階に分けて考えることができます。これらを専門用語で「**記銘**」「**保持**」「**想起**」と呼んでいます。

　「記銘する」ことについて、それほど深く考える機会というのはなかなかないでしょう。どうしても、単純にものを覚えること、と考えられがちなのですが、覚えたことをしっかりと脳内に維持し続ける「保持」も、とても大切な機能なのです。

　芸能人の名前や昔の友人の名前が喉元まで出掛かっているのに、どうしても出てこない、ということがあると思います。これは「想起」の障害です。こういうことが続くと年をとったなあ、と思う人が多いようですが、こうしたことはなぜ起きるのでしょう？　頭の中のどこかにはその名前がちゃんと保持されているはずなのに、思い出すことができないという状況です。人からその名前を聞くと、「そうそう！」となりますね

　実は、こうしたことが起こるのは、年をとったからというよりは、記憶が古くなっているからという方が認識としては適切なのですが（いずれにしても時間が経ったからではないかといわれた

らその通りですが…)、そのことについてもこれから解説していきます。

　人間の記憶とは、一度覚えてしまうとそう簡単には消えるものではないといわれています。ですから、この保持されている記憶をきちんと思い出すための「想起」という機能が、実は非常に重要なのです。

　ちなみに、「想起」には、「再生」と「再認」の2種類があります。たとえば電車などに乗っていて、外の景色を眺めていると、ふと昔見た別の場所を思い出したりすることがあります。これは頭の中に自由に浮かんでくる記憶のことで、「再生記憶」といいます。

　そしてもうひとつが、先程のように自ら特定の情報を選択して思い出そうとする「再認記憶」です。この再認記憶がうまく機能しているかどうかが、一般的に記憶力の良し悪しといわれているものなのです。

　したがって、再認記憶をうまく引き出せるようにするために、記憶のプロセスごとの特性を意識して、それぞれがうまく機能するようなテクニックを用いれば、記憶力がよくなっていくということなのです。

具体的行動
　覚えたことをうまく引き出せるようにするために、記憶のメカニズムを理解しておこう。

理解することができれば、その後は忘れにくくなる

　「記銘」をよくする覚え方には、大きく分けて2つのポイントがあります。「理解」と「注意」です。ここでは「理解」について説明していきます。

　前述したように、年を重ねると、単純に記憶するより、意味を含めて記憶する方が得意になる傾向があります。そのため、単純記憶の力は低下しても、体験や理解を伴う記憶に関しては、記憶力を高めることができるのです。基本的に、人間は理解できていることはよく覚えられますが、理解できないことはなかなか覚えられません。

　たとえば、資格試験の勉強にしても、自分が学生時代に学んでいなかった分野だと、なかなか覚えられなかったりします。学生時代に受けていた授業と関連する分野だと、すぐに覚えられるものです。

　理解していくと、最初はつまらない、学ぶのが辛いと感じていたテーマであっても、だんだんと興味が出てきます。そうすると、面白くなっていくものです。

　勉強の必要性を感じたら、理解しやすそうな本を探したり、先

生についたり、自分にあった学校を探すのもよい方法です。「記憶する」といっても、むやみに暗記するのではなく、一度理解した方が結局は近道なのです。

このように、理解こそが記憶定着への第一歩だとしたならば、知ったかぶりや見栄っ張りはNGだということがわかるでしょう。歳を重ねると、わかりやすい入門書を避けたり、わからないことを他人に聞けなくなってくるもの（ちなみに、最近は中高生向けの教養書が大人に受けたりすることもありますが、これは教養の衰退と嘆くのではなく、むしろ学びにつながるよい傾向だといえるでしょう）。

しかし、年を取ると記憶力が落ちると思う原因に、実はこうしたことによる基礎知識の欠落があるのです。

理解度をはかるための勉強法として、重要な箇所を塗りつぶして、思い出せるか確認する「墨塗り勉強法」があります。スマホで塗りつぶす前のページを保存しておいて、少しずつ塗りつぶす箇所を増やしていきます。

穴だらけでも復元できるレベルまで到達すれば、かなりの理解度だといえますし、その頃になれば重要語句もかなり覚えているはずです。

■具体的行動

勉強を始めるときは、知ったかぶりをしたり見栄を張ったりせずに、簡単な入門書を手にするようにしよう。

関心を持てば、
すんなり記憶できる

　次に紹介するのは「注意」です。第2章で、勉強をする目的を持つことの大切さを説明してきました。不思議なもので、**目的を持つとテーマ自体に関心が出てきます。**

　要は、自分事として捉えるようになるからなのでしょうが、脳はスイッチを押したように動きはじめ、それに関する情報をグングン取り込むようになってきます。

　逆に目的を持たずにいると、注意が向かないので、情報をキャッチできなくなってしまい、記憶としてとどまりません。人間は注意が向いている物は自然に覚えられますが、そうでなければなかなか覚えられないのです。

　「注意」がどれだけ重要か示すいい例をご紹介します。『考具』（加藤昌治著、CCCメディアハウス）というアイデア発想法を紹介したベストセラー本があるのですが、この中で「カラーバス」という方法が紹介されています。

　これは、たとえばその日一日、「赤」という色に注目して街を眺めてみよう、という意識づけをして外を見るようにするものです。そうすると、普段何気なく見過ごしていたものが色に付随し

て見えてくるようになる、ということがあります。これで色を変えたり、歩く街を変えたりすると、思わぬ発見があったりするのですが、注意する力を意識的に使えるようになるととても強力な武器になることを示したいい例だと思います。

　また、「注意」も細かく見ていくと、自然と「関心」があるものと、無理矢理「集中」させるものと2つの種類があります（「カラーバス」は、特定の色に「集中」させることで気づかなかった「関心」を呼び起こしているともいえます）。

　関心の方が長続きしますし、楽しんで覚えることができますのでまずは関心を高めることを意識してみるとよいでしょう。

　もし私が歴史を苦手な受験生に勉強させるとしたならば、まず歴史ドラマや、歴史まんがで、関心を持たせるところから始めます。

　ドラマは脚色されていて事実と異なるから勉強にはふさわしくないという意見もあるでしょうが、まずは興味を持ってもらうことが大事。その後で知識の上書きはいくらでも可能です。**好きなものこそ、どんどん知識が増えていくのです。**

具体的行動
　一見無味乾燥のテーマに思えても、どこかに自分との接点があるはず。学ぼうとすることの中に、関心のあることを見つけよう。

イメージづけできると、記憶の効率が上がる

　前の節で、対象に関心を持つと覚えやすくなるということを書きました。ところで、関心を持ったものについて、どのように覚えていると思いますか？　歴史上の人物であれば、時代背景はどうだったか、どこの出身だったか、どういう意図で何をやったかなど、色々な付随する情報もあわせて覚えているのではないでしょうか。

　そう、**覚えるときに大切なのは「名前」ではなく、情報の「中身」、つまり付帯情報なのです。**これが積み重なってくると、名前を一瞬忘れたとしても、すぐに思い出すことができるようになるものです。

　こうした考え方は、人の名前や地名などを覚えるときにも役立ちます。

　しかし、付帯情報が増えすぎると、かえって全体のイメージがしにくくなってしまうということがあります。

　たとえば、初めて会った人と名刺交換をしたとしましょう。名前と肩書きが載っています。それで名前と肩書き、その時聞いた話などを記録しておくことなどができますが、肝心の顔を思い出

せないということがよくあります。

　とくに大人になると、付帯情報が増えていく傾向にあります。ブランドなどがその典型ですが、時計というと、子どもであれば時間を知るためのもの以上の認識はありませんが、大人になるとブランドを気にするようになり、そのブランドの歴史や時計ができた経緯などが大事になります。また自分で買ったのか、プレゼントされたのかなどの文脈が付与されてきます。

　そうしていくうちに、極端な場合、「時計」という一般名詞を忘れてしまうことさえあり得るかもしれません。

　理解を深めるために、重層的に情報を獲得していくということも大事なのですが、過度な付帯情報は重要ポイントを見誤らせるもとになり、記憶の定着をさまたげるだけでなく、アウトプットするときに軸がぶれたりする原因になったりします。

　大事な中心となる情報は何なのか、確認をしながら覚えていくと付帯情報もそぎ落とされていき、重要なものだけが残るようになります。そうしていくと正確なイメージができあがり、記憶の定着もよくなるのです。

具体的行動

　物の名前を覚えるときに、名前単独で覚えるのではなく、背景にある重要な付帯情報もあわせて覚えるようにしよう。

コンディションを整えると、集中力を維持しやすい

　前の節では「注意」の中でも「関心」について説明をしましたが、この節では「集中」について紹介します。

　基本的には関心があることについての方が勉強しやすいはずです。それは自然な話なのですが、どうしても興味が湧かないことについて勉強しなければならないときもありますし、試験勉強などで面白みを感じなくてもクリアしなければならない、ということもあります。

　そこで、集中ということが大事になります。興味がないことに意識して注意を向けたとしても、その集中力を持続させることはなかなか大変です。それでも、たとえば試験前に、無理矢理集中力を発揮してできるだけたくさん覚えるということは不可能ではないかもしれません。

　大人の勉強の場合は生活がかかっているとか、収入が増えそうだとか、何らかの強い動機があれば集中力を高めることができるでしょう。

　ただ、こういったやり方は長続きさせるのが難しいので、どこかで興味を持てるようになることが理想ではあります。

　また、興味のないことに取り組むときに集中力を維持するのは
難しいのですが、なるべく集中力を落とさないようにすることは
できます。

　**集中力が落ちやすくなる状況とは、たとえば二日酔いのとき
や、寝不足のとき、他に気になることがあるときなどです。**

　集中力を下げないために、お酒は控え目にする、睡眠はしっか
りとるといった自制は必要だと思います。また、テレビドラマや
プロ野球の結果など、リアルタイムでどうしてもみたいものがあ
る場合も気が散りやすくなります。そういうときは、我慢をせず
にそちらを見てから勉強する方が、効率が上がります。

　要するに、余計な関心事をなくすことが、注意を高めるうえで
大事なポイントだといえるでしょう。

　加えて、**心身の不調があるときも、集中力が低下しやすい時期
です。**こういうときは、無理をして何かを覚えようとするより
は、今までの復習をしてみたり、簡単な入門書を読んでみたり
と、ハードルを下げてみて、自分はできないのではなくてちゃん
とできるということを確認するといいでしょう。不調だからと
いって全く勉強しないと、そのことが逆にストレスの原因になる
こともありますので、自分はできると思うことが大事です。

　また、苦手だと思うものこそ、音読をしてみて、ポイントを手
で書いてみてはどうでしょう。音読は注意づけの効果としてはと
ても高く、その上で手を動かすことで効果が増すはずです。

具体的行動

　心身の健康に留意して勉強していこう。不安なことがあれば、解決
してしまおう。

復習することで、記憶を定着させられる

　記憶には、一時的に脳に書きとめられるだけですぐに忘れられてしまう「短期記憶」と、ずっと保持し続けることができる「長期記憶」があります。

　たとえば、人の名前を一瞬覚えたと思っても、直後であっても思い出せなくなることがよくあります。これが短期記憶で、放っておくとすぐに忘れてしまうようなものです。

　人間の記憶は、新しい情報が入ってくるたびにどんどん上書きされてしまうのです。脳に入ってきた情報は、海馬という部分に一時保存されます。そして必要だと判断された情報が、大脳皮質に送られて長期記憶になりますが、それ以外の情報は捨てられてしまいます。

　もし、**もっと記憶を長持ちさせたいと思ったら、海馬で保持できているうちに復習することが重要です**。必要な情報だと脳に判断させるのです。

　復習するタイミングはおおよそ5回。まずは、勉強して間もないうち。時間の目安としては学習した10分後が最適です。インプットしてから10分後で、人間の記憶は頂点に達するといわれ

ています。

　そして、2回目の復習のタイミングは、翌日です。ここですぐに思い出せなかったとしても、「ああ、これは覚えるのに失敗してしまったな、今度は忘れないようにしよう」と思い、前回の覚えたときよりも早く、深く覚えることができるのです。

　3〜5回目の復習は、前回の復習を忘れないうちに行いましょう。そのタイミングとしては、3回目の復習は1週間後、4回目の復習は1ヶ月後、5回目の復習は半年後が目安。

　こうして長期記憶が定着してくると、意識しなくても記憶が取り出せる状態になってきます。なお、本当にとにかく早く覚えたいものは、このタイミングは無視して折に触れて復習するようにしましょう。

　また、こうして復習を繰り返すと、記憶は脳の中で変化を起こしはじめます。なんと、それまでに学んだこと以上に記憶されている情報量が増えてくるのです。

　人間の脳は、復習を繰り返しているうちに、それまで学習した内容に対して組み合わせる作業を始めます。そうして、知識が関連づけられて広がっていくのです。記憶から、思考の領域に入っているともいえるでしょう。

　そうして思考のネットワークができてくると、その中に新しい知識を組み込んでいくこともどんどん容易になってくるのです。

具体的行動

　せっかく学ぶ以上、復習を重ねて、記憶を定着させよう。回数は多ければ多いほど良いが、間隔は次第に広げていっても大丈夫。

日々同じ情報と接すると、記憶が定着してくる

　前の節で、長期記憶にするためには復習が大切だということを説明しました。回数を重ねるうちに次第に定着してくるので、間隔を少しずつ開けても大丈夫なのですが、とはいえ本当は毎日でも復習したほうがいいのでは？　という疑問も出てくると思います。

　ご想像の通り、問題点は復習ばかりに時間をとられると新しいことが勉強できないということです。

　ただ、日常的に同じ情報に接していると、定着してくるというのは確かにその通りです。通勤ルートの駅名を自然と覚えたりすることがあると思いますが、これはまさにその例。**絶対に覚えたいと思うものは、毎日触れるようにするという手があります。**

　こうした繰り返し見ているものを自然に覚える性質を利用した方法に、「**貼り紙記憶法**」があります。

　前の節でも説明したように、人の記憶は上書きされて、古い記憶は取り出せなくなってしまいます。それで困るならば、情報との接触回数を増やして、常に意識させることです。何度も繰り返し見ることで、脳が必要な情報であることを認識し、記憶へと繋

がるのです。

　貼り紙記憶法で注意すべき点は、よく目につく場所、普段何度も見る場所に、記憶したい情報を紙に書いて貼るということです。せっかく貼ったものの、目につかない場所では意味がないのです。

　たとえば、トイレのドアや壁、ベッド横の壁、冷蔵庫などなど、目につく場所ならばどこでも大丈夫です。頻繁に目にしているうちにいつの間にか覚えていくはずです。

　覚えるためのコツは、**あまり欲張りすぎずに単純化した情報に絞る**、ということです。詰め込みすぎるとポイントが目に入りにくくなるからです。また、ポイントを目立たせるために色で差別化を図るというのも良い手だと思います。

　ある程度覚えてきたら、確認作業をしましょう。見る前に思い出せるかどうか挑戦してみて、思い出せるようになったら新しいものに差し替えます。

　古いものも捨てずに、ある程度分量が貯まったら一気におさらいをするというのがいいと思います。

　このように貼り紙記憶法は、毎日の習慣が復習になるような効果を持ちます。そのため、無理なく短期記憶から長期記憶へ移行させることが可能です。

具体的行動

　覚えるべき事柄を書いて、毎日目にする場所に貼っておくと覚えやすい。トイレの壁、部屋の壁、冷蔵庫の扉などが王道。

朝の時間に復習すると、記憶が定着しやすい

　課題を確実に終えてから寝たいという人は、夜型になる傾向が強くなります。睡眠時間を確保しようとすると、どうしても朝起きる時間が遅くなってしまいます。

　しかし、できれば朝の時間も有意義に使いたいものです。理想的には、夜も朝も勉強した方がよいでしょう。これは、睡眠時間を削ってでも勉強をやれということではなく、朝と夜では脳の働き方が違うということが理由です。つまり、脳の働き方にあわせて勉強のやり方を変えるのが合理的なのです。

　まず明らかなのは、**疲れれば疲れるほど脳の働きは悪くなります**。脳がもっとも疲れていない時間帯といえば、睡眠を取ったばかりの朝ですね。

　しかし、多くのビジネスパーソンは、朝の時間は慌ただしく、通勤でヘトヘトになっています。そのため、せっかくの朝の脳の働きのよさを活かせていないのです。できれば、少しでも早起きして、勉強時間を確保したほうがよいと思います。次の節で詳しく書きますが、睡眠時間もきちんと確保した方がよいでしょう。

　23時に就寝すれば、6時間睡眠をとったとしても5時には起き

られます。7時半に家を出るとしても、1時間以上は勉強時間を
確保できるのではないでしょうか。

　布団から出て、珈琲を飲んだり、軽い運動をしたり、シャワー
を浴びるなど、ルーティンを決めておくとよいでしょう。そうし
て勉強時間を確保するのです。頭がさえているので、是非思考力
を使う勉強をしましょう。問題を解いたり、読書をしたり…。

　そして、夜の時間は、やや頭が疲れているので、記憶型の勉強
をするようにしましょう。人間の脳は、夜寝ている間に情報を整
理し、記憶を定着させる作業を行うので、寝る前の時間帯に覚え
るべき事柄を勉強するのです。夜に覚えたことの方が、朝に覚え
たことよりも記憶の定着率は高いことがわかっています。

　しかし、記憶は夜が最適といっても、一度の勉強だけでは時間
が経てば当然忘れてしまいます。そこで、夜に記憶したことを定
着させるために、翌朝復習することをお勧めします。

　このとき、ただ読み返すだけではなく、できれば書いて復習す
るか、問題を解く形で復習することをお勧めします。

　復習の時間が長ければいいというわけではないので、短くても
いいので確実に時間を確保することが大事です。そして、思考型
の勉強に力を入れましょう。

　少ない時間でも集中できるようであれば、それが快体験になっ
てくるはずです。

具体的行動

　仕事が終わらなくても夜更かしはせず、思い切って朝型に切り替え
てみよう。切羽詰まって何とか仕上げるものである。

睡眠時間を確保すると、記憶の効率が上がる

　昨今、「働き方改革」の動きもあり、以前より残業時間は短くなってきているようです。さらに、昔に比べると職場での飲み会などの付き合いが減ってきたこともあり、勉強時間の確保はかつてよりは容易になった印象があります。

　しかし、そもそもの仕事量が多い職場でお勤めの方や、労働時間が長く、なかなか勉強時間を確保できない方も多いかと思います。そこで無理をして睡眠時間を削ってでも勉強をやろうとするのが責任ある社会人だという向きがあるかもしれませんが、こうした考え方は要注意です。**睡眠時間が減ると記憶の定着が悪くなってしまうのです。**

　勉強した成果を着実に積み上げていこうと思うのであれば、まず、原則としては6〜7時間は睡眠時間を確保すべきでしょう。

　睡眠は体を休める以上に、脳の神経細胞の疲れを取る働きがあります。そのため、睡眠が不足すると、日中に膨大な情報を処理している脳の乱れた神経回路や伝達ルートの修復が行われなくなってしまうのです。

　健康を維持し、かつ学んだことをしっかり定着させるために

は、**毎日の就寝時間を一定にすること**がポイントになります。とくに午後11時〜午前0時の間には就寝した方がよいでしょう。

　そして、午前6時頃には起床し、すっきり目覚めるという規則正しい生活リズムをつくることが、脳の機能を正常に働かせ、集中力と記憶力を高めることにつながっていきます。

　そこで、忙しい方はどうすべきか、ですが、夜遅くなるようであれば、帰りの電車に乗っている時間だけでも勉強するようにして、そこで学んだことを朝に復習するなど、できる範囲で朝型の勉強を取り入れていくなどの工夫をしてみてはいかがでしょうか。

　「どうしても酒席の付き合いが多くて…」という場合もあると思いますが、その場合は酒量を控え目にするか、あるいはノンアルコールにするという手もあるかと思います。

　昨今、無理な飲酒を勧めることには厳しくなっていますので、これで対応可能なケースが多くなっているはずです。

　また、ネットサーフィンなどでつい無駄な時間を使っていることがないかなど、普段の生活を見直しつつ、勉強時間を確保していきましょう。

具体的行動

　無駄にしている時間を再確認し、睡眠時間の確保を妨げている要因を1つずつ片づけていこう。

社会人には「記銘力」より、「想起力」が重要である

　さて、ここまで記憶をいかにして定着させるかという話をしてまいりました。しかし、せっかく記憶したものの、アウトプットできなければ宝の持ち腐れですし、アウトプットしなければ、脳の中でも優先順位が下がってしまい、記憶が薄れていってしまいます。

　社会人としては、得た知識を仕事などで活用してこそ、というところが大きいはずです。つまり、得た知識を正確に思い出す「想起力」が必要になってくるのです。

　たとえば、実はそれほど知識量があるわけでもないのに、プレゼンや講演などでたくみに情報を繰り出して、物知りで知的であると評価される人がいるのではないでしょうか。こういう人こそ、自分の持っている知識を最大限、効果的に引き出して話をすることのできる「想起力」の高い人だということができるでしょう。

　テストのときなどに経験されたことがあるかもしれませんが、「ここまで出かかっているのに出てこない、漢字が書けない」が、後から答えを聞いて「ああ、そうだった」というように思い出せたということがあるかと思います。この場合、記銘、保持に

は成功しているのです。単に、最終段階の想起がうまくいかなかっただけなのです。

　つまり、**「アウトプットを目的としたインプット」をすることが、想起力を高めるポイントとなります**。「この知識は、いつ、どこでどのように使うのか？」「何と関連づけて覚えておけばよいか？」ということを念頭におきながら、記憶していくようにしましょう。

　社会に出て歳を取るほど、この「想起力」の重要性は増していきます。それは、得た知識をもとにした価値の創造が求められているからに他なりません。

　それでは、想起力を高めるためにはどうすればよいのでしょうか。重要なポイントとしては**アウトプットの練習、リハーサルをすることと、アウトプットに役立つ付帯情報を増やしていくこと**が挙げられます。

　たとえば、文章で書こうとしたときに筆が止まるとしましょう。「あれ？　これはどうしてだったっけ？」と悩むときは、必要な付帯情報がないか、それが思い出せていないからだと考えてみましょう。

　そういうトレーニングを重ねていくうちに、記憶としての定着も増していき、アウトプットに適した記憶ができあがっていくはずです。

具体的行動

　想起力を高めるために、アウトプットするときのことを意識して学ぶようにしよう。

アウトプットを増やすと、思い出しやすくなる

　想起力を高めるためには、とにかくアウトプットをすることが大事です。アウトプットに失敗する中で、どこがダメだったか、どこが足りなかったかを意識するようになり、その部分を補っていくからです。

　しかし、重要な場面で何度も失敗するのは困りますので、失敗しても大丈夫な状況で失敗する必要があります。そのために、**「リハーサル」**が必要です。学生の受験対策の勉強でいえば、模試を何度も受けたり、過去問をたくさん解いたりすることにあたります。

　記銘・保持のために単語帳を使ったり、教科書を復習したりするということは勉強熱心な人であれば誰でもよくやることですが、同じくらい大切なのは、この想起のリハーサルなのです。プレゼンテーションも、誰か身近な人を相手に練習してみてもいいのではないでしょうか。

　日本人は、リハーサルの意義を理解していないことが多く、センスのあるなしに頼りすぎているところがあるように思います。リハーサルをする中で、うまく出てこないところがあるとすれば

それはなぜなのか考えるきっかけにもなりますし、付帯情報の不足なのか、あるいは情報を伝える順序の整理ができていないせいなのかもはっきりします。

　大事なことは、情報を覚えるときに、いくつかの情報をセットで覚えると思いますが、**情報のセットの順番を、アウトプットできるように整理していく必要があるということです**。アウトプットでつまずいてしまった場合、どこでひっかかったのか、落ち着いて振り返ってみましょう。

　また、アウトプットを増やしていくと、問題を解くこともプレゼンをすることも場慣れしてきます。そうしてくると緊張が減り、想起力も上がってくるのです。

　大人の場合、とくに、プレゼンテーションがうまい人ほど優秀だと思われる傾向にありますので、とくに数をこなすことが重要です。

　さらにいうと、毎回同じようにアウトプットするのではなく、順番を変えてみたり、切り口を変えてみたりすると、脳の刺激にもなりますし、自分の理解が弱かった部分も見えてくるので、より本番に強くなるはずです。

　そして、インプットの際に意識して欲しいのは、**自分の今まで思ってきたこととは違う価値観や考え方のものを取り入れるようにすることです**。それが柔軟さを高めることにもつながってくるのです。

具体的行動

　アウトプットをうまくするためにも、リハーサルをして、誰かにコメントをもらおう。

知らないことを推論すると、知識を増やしやすくなる

　さて、ここまでは勉強したことをいかに効率よく覚えるか、覚えたことをいかに確実に定着させるか、いかに正確にアウトプットするか、ということを解説してきました。

　勉強を進めるときは基本的にこのスパイラルで進めていけばよいと考えていますが、せっかく得た知識を正確にアウトプットできるようになっても、「正確にアウトプットできる」だけで終わってしまっては通常想定している以外の事態が生じたときなどに十分な対応ができません。また、自分の世界の幅を広げることもできません。そのため、得てきた知識をもとに、推論していくことが大切になってくるのです。

　たとえば、歴史の勉強を趣味にしていたとしましょう。第一次世界大戦下で、イギリスは水面下でさまざまな相手に別々の約束をしましたが、それがお互いに矛盾するものであったため、今日まで続く中東問題を招いてしまいました。こうしたことから、どういうことを学べばよいでしょうか？

　約束同士の齟齬がないように自分の行動を振り返ることもできますし、会社の戦略であれば、事業アサインを組むときに協力会

社同士が喧嘩にならないように配慮するなどにつなげていくこともできるでしょう。

　つまり、**教訓や法則を抽象化して、他のことに当てはめていくことが求められているのです。**

　あるいは、外食をしていて食事を美味しいと思ったとき、その美味しさの理由として、この食材にはこの調味料があうという知識をシェフから教えてもらったとしましょう。

　それを自分で実践してみるということも推論になります。料理という作業自体、こうすればこうなるのではないかという仮説の実践に他ならないからです。

　それでうまくいけば、自分の考えたプロセスは正しかったということになりますし、美味しくなかったとしたら、どこか料理の手順が間違っていたのかもしれません。そうした検証を重ねることで知識の幅は広がっていきます。

　こういった能力を磨くために役立つのは、数学のトレーニングです。人は、数学が得意な人のことを頭がいいと思う傾向にあるように思います。

　その理由を考えてみると、数学で求められる抽象的な思考やあれこれ解き方を試す姿勢はまさに推論そのものであって、日常的に数学のトレーニングをしていると、事象を抽象化して考える能力が高まってくるのです。

具体的行動

　得た知識から、どういうことが学べるか考えてみよう。そして数学のトレーニングなどで、推論の力を磨こう。

複数の可能性を検討すると、物の見方が複眼的になる

オックスフォード大学の教育社会学者の苅谷剛彦教授は、人間の思考パターンを**単眼思考**と**複眼思考**に分けています。単眼思考とは、物事を1つの見方でしか捉えていないことで、複眼思考とは、物事にはさまざまな側面があることを意識して、できるかぎり複数の見方をしてみようと試みることです。

苅谷教授が東京大学に勤務していたとき、学生にビデオを見せて、その感想をレポートとして提出させたそうです。

その翌週、学生にレポートを返却したとき、解答用紙の欄外にA、B、C、Dと書いておきました。すると、Aと書いてあった学生は喜び、CやDの学生は「あまりうまく書けなかったので」などと言い訳をしていたそうです。

しかし、ここで苅谷教授が「このレポートを読んでいたら右手が勝手にいたずらをしてアルファベットを書いてしまった、これは成績でない」というと、ほとんどの学生がきょとんとしたそうです。

学生たちは、試験につけられたアルファベットのことを成績だと思い込んでしまい、他の可能性を考えられない単眼思考をして

いたということなのです。

　こうした話ははっとさせられますが、それではどうしたら複眼的な思考ができるようになるのでしょうか？　月並みではありますが、世間で流布している通説や、偉い人がいっていることに対して「**本当にそうか？**」という疑問を持つことが重要なのだと思います。

　本を読むときなども、「納得がいかない」「例外もあるのでは？」とツッコミをいれながら、それをメモしながら読んでいくとよいでしょう。そうしていくことで、自分が疑問に思うポイントが明確になってくるので、それに答えてくれる本を探したり、師匠を探したりするとよいでしょう。

　現状を分析して、将来を予測するときなども、**複数の可能性を検討することで推論のトレーニングになります**。それぞれの場合がどうして違ってくるのか要因を探ることにも繋がり、深掘りができるのです。

　また、仕事で怒られたときやうまくいかない時なども、単眼思考になりやすい傾向があります。自己弁護しろということではありませんが、複眼思考が自分の心を守ることもあるのです。

具体的行動

　複眼思考をできるようになるために、特定の見方に偏った情報ではなく、さまざまな情報に触れるようにしよう。また、本を読むときも疑問出しをしながら読んでいこう。

課題を明確にすると、解決策が見えてくる

　勉強をしていく中で、直接書いていないことや言及していないことに対して学びを深めていく推論ですが、その態度が、常に最善のものかというと、そうとも限らない場合もあります。

　推論とは思考の拡散ですので、急いで結論を出したいときなど、拡散ではなく収束が求められるため、拡散型の意見ばかりいっていると先に進まなくなってしまいます。

　ブレインストーミングばかりやっていて、企画がまとまらないのでは商品開発などできないのは、まさにこうしたケースだといえるでしょう。

　問題解決で必要なのは、何に答える必要があるか、焦点を見定めることでしょう。たとえば大学入試の小論文では、課題文を読んでいると色々なことを思うかもしれませんが、何が問題とされているかを見定めてそれに対する態度を決めないと、太刀打ちできません。

　会社の中での場合も、解決したい課題は何なのか、論点をずらさずに解決策とそれぞれのメリット・デメリットを比較検討するような軸を持たないと、推論の方向がずれてしまい、論点がぼや

けてしまいます。

　昨今デザイン思考やアート思考がブームになり、ロジカルシンキングからでは出てこないアイデアを出すための方法として注目されていますが、こうした思考法で出てきたアイデアを本当に実用に耐えるレベルにもっていくことができるかというと、ほとんどそうならないというのが実情のようです。

　ワンパターンな思考ばかりでも問題ですが、考えが拡散しすぎても実用的でないのです。

　また、数学でもよくありますが、前提となる条件が変わると答えが変わってくるということが起こりえます。つまり、**場合分けをして推論していけば、よりリアリティのある推論ができる可能性が高まります**。どの場合が想定されるかしっかり詰めておけば、推論を重ねても拡散しすぎるということにはなりにくいでしょう。

　加えて、場合分けをするときにどのケースが多いか、より起こりうるのか、確率をおおまかにでも出せるとさらに具体化することができます。そのためにも、課題をよく知ることが大切だともいえるでしょう。

具体的行動

　何でもいいから推論をするというのではなく、推論する前に、課題は何なのかを考える癖をつけよう。

思考パターンを自問すると、周囲の評価も上がってくる

　ここまで、知識を確実に身につける方法と、それをもとに推論する方法をご紹介してきました。

　要は知識を使えるようにするということですが、こうした知識が、正しく使えなくなる状況があります。それは何故なのか？ どうしてこの状況では正しい判断ができないのか？ こうしたことに思いを至らせ、置かれている状況を客観的に、自分の上から見下ろすような視点で考えてみて、冷静に判断できるようにすることが大切です。

　そして、自分の判断のバイアスが何なのか考えて、それを取り除いた判断ができるように自らを仕向ける必要があるのです。

　このように、**自分を俯瞰的に見て、自問する作業のことを「メタ認知」**と呼んでいます。

　知識が足りているか、知識に振り回されていないか、感情に左右されていないか、などという基本的なモニタリング技術を身につけることで、推論や思考の妥当性はかなり確かなものとなるのです。

　そのため、メタ認知というと、自分が今置かれている精神状態

が自分の判断に何らかのバイアスを与えているのではないだろうか、冷静になって考えてみるというようなことなどが考えられます。基本はこのように、自分の認知の仕方が本当にこれでいいのか自問することだといえるでしょう。

とくに仕事のときなど、さまざまな形で自分の認知状態に自問してみるとよいでしょう。このテーマについての十分な知識はあるのか？　自分の推論がワンパターンになっていないか？　最近知った考え方の影響を受けすぎじゃないか？　感情に振り回されていないか？　自分に有利なようにとらえすぎていないか？　などです。

こういう自問の習慣を身につけると、自分の中にメタ認知をする自分が生まれてくるのです。

また、**自問自答の質を高めるためにも、人間自体についての幅広い知識や、自分の得意不得意などを知っておくことが大切です。**

苦手なことを知っていたら、無理なことは引き受けないようにする、というようなことが可能になりますし、こういうことをいうと怒る人が多いだろうなあ、と予想して言い方を考えるということもできるようになります。こういうところにも、学習の成果があらわれてくるといえるでしょう。

具体的行動

メタ認知を意識すると、推論や思考の質が高くなる。メタ認知の質を高くするためにも、教養を身につけよう。

自動思考が強化されると、思考停止に陥ってしまう

　人間が感情によって思考や判断、推論が変わるということを自覚するだけで、そうなっていないかチェックすることができます。**大切なのは、自分の感情状態と思考パターンの対応関係を知ることです。**

　たとえば、辛いときはうまくいっていることにでもネガティブに考えがちだとか、嬉しいときはポジティブに考えすぎてマイナス面が見えなくなるなど、そういうパターンを知っておくと、今もしかしたら自分はこのバイアス下にあるかもしれない、と気づくことができるのです。

　これは自分の嫌な部分を見るようでちょっと辛いのですが、逆に認知パターンを変えてみることで、憂鬱な気分が改善したり、不安が解消したりすることにもつながります。**自分のバイアスをよく知ることで、自分を客観視できるようになり、感情のコントロールもできるようになるのです。**

　認知バイアスでありがちなケースとして、反射的に特定のことを考えてしまうことがあります。

　たとえば、部長から呼び出されるたびに、「何か怒られるので

はないか」と思ってしまうとしましょう。何か失態をやらかして
しまったのならそういう可能性もありますが、何ら落ち度がない
場合であってもそう思い込んでしまうとしたら、それはかつての
記憶の再生か思い込みであり、こういう反射的な思考のことを
「**自動思考**」と呼びます。

　勝手に自分の中で不安な感情が増幅され、そうした思考が強化
されるという悪循環を引き起こしているのです。

　そういう追い込みがあると、部長としては単なる事務連絡で呼
び出しただけかもしれないのに反抗的な態度をとってしまい、そ
のせいで部長が怒ったとしても「やはり部長は怒っていたのだ」
とさらに思い込みを強くしてしまいます。

　こうして、自動思考が強化されていくと、思考は停止して、職
場でのコミュニケーションはどんどん悪い方向に向かっていって
しまいます。

　自動思考も矯正していくことができるとされています。そのた
めには、何よりまず、人は自動思考に陥る傾向があるものだとい
う自覚を持つことが大切です。

　そうして、「もしかしたら自分は自動思考に陥っているかもし
れない」という自問をすることが、やはり大切になってきます。
このようなメタ認知的なモニタリング法を身につけると、感情状
態も安定してきます。

具体的行動

　嫌なことがあったら、自動思考に陥っていないか、自分自身のバイ
アスを確認しよう。

感情を制御できないと、勉強が無駄になってしまう

　勉強をして知識や教養、技術を獲得することは仕事や趣味の幅を広げてくれる、素晴らしいことです。しかし、そうした勉強ができて、努力を怠らない人が、突発的に馬鹿になってしまうということがよくあります。

　自分の思い通りにならないときに人に当たり散らしてしまったり、混乱して思いもしないことをいってしまったりして信頼を失ってしまい、その後の道を閉ざされてしまうのです。

　そうなってしまっては、今までの努力が無駄になってしまいます。こういう人たちは、勉強はできても、自分の身を守るための知恵を身につけてこなかったのでしょう。世の中には人の足を引っ張る人もいれば、基本的には善意の人の集合であってもうまくいかないこともあるのです。そういう現実があるということも知った上で、どうやって振る舞うべきか考えておく必要があります。

　自分の身を守るために前提として必要なのは、**知的謙虚さを失わないこと**です。勉強をし始めたときは、知らないことが多く、純粋に新しいことを知ることが楽しかったのではないでしょう

か。それが次第に、人より優れているというプライドを保つため
だけになってしまうと、自分はもう専門家レベルだ、もう学ぶこ
となどないという傲慢な気持ちが出てしまうのです。勉強をする
ことで自分が幸せになれたのならばそれは素晴らしいことです
が、勉強で得た知識で周囲の人も幸せにできればさらに素晴らし
いですし、それができないのであれば、まだ勉強が足りなかった
と反省するような気持ちでいれば、自ずと知的な謙虚さを保つこ
とができるでしょう。

　そして、実際の振る舞い方ですが、何か人から言われて頭にき
たとしても、すぐに反論するのは得策ではありません。メタ認知
のところと繋がりますが、**自分が今頭にきていると思ったなら
ば、深呼吸して数秒置いてから発言するとよいでしょう**。これだ
けで大分冷静になれますし、そうなれば自分の身を守るだけでな
く、相手の不備についても見えてくるかもしれません。

　学歴や肩書きなど、自分が頑張ってきた結果として得られたこ
とに自信を持つことは悪くないのですが、過去の実績だけにとら
われていると前進はありません。是非今必要な努力をしてくださ
い。

具体的行動

　頭にきたら、深呼吸をして落ち着いてから発言しよう。それだけ
で、危機を回避できることもある。

共感能力が高まると、勉強仲間も増えてくる

　独学がブームということもあって、勉強は一人だけでするものだという考え方が強いということは前にも書きましたが、やはり勉強仲間がいた方が精神的にも楽になると思います。

　勉強が共通の話題にもなりますし、わかりにくいところを共有することもできますし、困ったときに助けてくれることもあるでしょう。こうした勉強仲間を作っていくうえで意識して欲しいのは、相手に「**共感**」すること、できることです。

　共感というと、一般的には「うんうん、そうだよね」と相づちを打つことが連想されるかもしれません。もちろん、これでも間違いではないのですが、これだけでは「同情」の可能性もあります。

　以前、「同情するなら金をくれ！」という言葉が流行したことがありましたが、同情という言葉にある種の哀れみや、「上から目線」を感じる人も多く、そうではなくて「ああ、それわかる」という自分も同じ気持ちになることができる部分が必要なのです。

　たとえば、相手に不幸なことが起こったときに一緒に悲しむことは共感と同情の両方にあるかと思いますが、相手にいいことがあったときに一緒に喜ぶことができたならば、それが同情ではな

く共感です。

　人の成功を妬むのではなく、自分のことのように喜ぶことができれば、相手からも好意を持たれるでしょう。

　少なくとも、敵ではないということは間違いないからです。そういう共感の連鎖を続けていくうちに、勉強仲間がどんどん増えてくるはずです。

　私がよく出す例は、学校や塾のクラスメイトとの関係です。テストの成績に一喜一憂することがあるとは思いますが、同じクラスのメンバーよりも成績が悪かったからといって妬むのはあまり建設的ではありません。

　志望校の定員を考えてみればわかりますが、大体の所はそのクラスの人数よりも定員の方が多いはずです。そうなのであれば、全員で力を合わせて成績を上げて、みんなで受かってしまえばいいのです。

　名門進学校にはそうした校風をもつところが多く、それが後々「同じ釜の飯を食った仲間」という意識にも繋がり、同窓会活動などが盛んになっているのです。

　勉強する仲間が増えてくると、情報交換もできますし、困ったときに助けてもらうことも多くなるはずです。是非お互いに心を開いて、本音で悩みも話しながら勉強仲間を作っていくようにしましょう。

具体的行動

　同じ悩みや目標を持っている人たちと本音で語り合いながら、人脈を広げつつ勉強をしていこう。

第4章

成果を上げるための
時間術

時間を探してみると、
無駄が結構見つかる

　第4章では、時間を有効に使って成果を上げていくための方法をご説明します。勉強をしようと思っていても、仕事や子育てで忙しく、ついつい「時間が無くて…」といってしまいがちです。事実、忙しいとは思うのですが、そればかりいっていても何も変わりません。

　何とかしなければなりませんが、そのための方法は大きく分けて2つあります。

　1つは時間ごとの効率を上げることで、もう1つは時間を見つけることです。ここではまず無駄にしている時間の見つけ方をご紹介します。

　恐らく、多くの方はうっすらと自覚されているかと思いますが、**つい無駄にしてしまっている時間があるはずです**。スマホをついつい見てしまう、ついついネットサーフィンをしてしまう、電車を待っている間にボーっとしている、などなど…。まずは、こうしたことに自覚的になることが大切です。

　そのための方法として、試しに、自分が起きてから寝るまで、その時間に何をしていたか克明に記録してみてはいかがでしょ

う？　6時半に目覚ましが鳴ったが、40分二度寝してしまった、始発電車を待つために15分立っているだけで何もしなかった、電車の中は行きも帰りも30分寝ているか外を眺めているだけだった、家に帰ってきて1時間以上ネットサーフィンしてしまっていた…など、無駄な時間に気づくはずです。

　無駄にしていた時間を意識できたら、それぞれの時間のうち、勉強に使えるもの、仕事に使えるもの、家族との時間に使えるものなど、有意義な可能性がどんどん出てくるのです。

　また、**する気になれば1分であっても勉強はできるのです**。そういうことをいうと、そんなに自分を追い詰めると疲れてしまうという方もいらっしゃることでしょう。しかし、この時間の可能性を知ると、きっとそうは思わなくなるはずです。

　1分というのは、短いようでいて結構長いのです。簡単な文章であればそれだけでも結構読むことができますし、英単語を1つ覚えることができるかもしれません。メールであれば1通くらいは目を通したり、返事をしたりすることができるでしょうし、それをうまく使うだけで、片付く仕事や勉強があるのです。

　そうすると、3分あれば、かなりのことができるはずです。早くやることを片づけて、空いた時間でリラックスしてしまいましょう。

具体的行動

　1日の時間の流れの記録をつけて振り返ってみて無駄にしていた時間に気づこう。

睡眠の記録をつけると、ベストな睡眠時間がわかる

　勉強時間を捻出するために、睡眠時間を削っている方がいらっしゃいますが、3章でも述べたように、睡眠時間の確保は重要です。そうではなく、睡眠時間を維持したままで、どうやって勉強時間を捻出するか？　ということが大切なのです。

　かつて、大学受験の世界では「四当五落」という言葉がありました。睡眠時間を削って4時間しか寝ないで勉強したら合格できるが、5時間も寝てしまったら勉強不足で落ちるというのです。かつてはこうした考え方が根強かったようですが、効率が極めて悪いのです。

　睡眠が不足すると脳の疲れが回復しないので、翌日の仕事や勉強の効率が低下しますし、記憶の定着も妨げられます。昨今の受験勉強ではこうした考え方が常識となっていますので、「寝る子は受かる」といわれているようです。

　とはいえ、そうした考え方はわかるものの、では何時間寝るのが理想なのでしょうか？　一般論としては何度も書いていますが23時に寝て6時くらいに起きることが望ましいのですが、ナポレオンのように睡眠時間が短くても大丈夫な人もいますし、もっと

寝なければ効率が悪いという人もいます。人によってさまざまであり、一概に決めつけることはできません。

　ですので、**まずは一度、自分で一週間睡眠時間の記録をつけてみてください**。何時に寝て何時に起きたときの体調が一番よかったのかわかれば、次の週から実践できます。何より意識すべきことは、睡眠時間ではなくて昼間の効率をいかに上げることができるか、なのです。

　ショートスリーパーは仕事や勉強に時間を割けて羨ましいと思う人もいらっしゃるかもしれません。しかし、見方を変えれば、睡眠時間を楽しむことができるというのは、人生の豊かさでもあります。心身ともにリフレッシュすることは、とても大切なことなのです。

　また、最近は「**睡眠の質**」というものも大切だといわれています。そのため意識の高いビジネスパーソンの中には睡眠外来に定期的に通って睡眠のマネジメントをしている方もいるくらいです。

　そこまでしないまでも、日中に太陽光をしっかり浴びておけば、睡眠ホルモンといわれるメラトニンの分泌も調整され、夜の睡眠を助けてくれます。まずは、できることからやっていきましょう。

具体的行動
　睡眠時間は削らずに、起きている時間の中でどう捻出できるか考えるようにしよう。

昼寝をすると、その後の時間を有意義に使える

　ここまで何度か朝型の勉強法のメリットを紹介してきました。会社に早めにいって、人がいないうちに仕事を片づけてしまうということもよいでしょう。

　ただ、そうした考え方も浸透してきて、早朝の通勤電車であっても混雑はしますし、通勤ラッシュの分散のため、勤務時間を後ろ倒しにした会社もありますので、一概に会社に早く行けばいいとはいえなくなってしまっているところもあります。コロナの影響で在宅勤務になった方も多いでしょう。

　それでも、生活スタイルは朝型をお勧めしたいと思います。もし会社に行くまでの間に時間があるようであれば、そこに勉強時間をあててもいいですし、昨今流行の朝活をされてもいいでしょう。あるいは一日の仕事の流れを整理してみるのもいいでしょう。

　そして、ここがポイントですが、**午前中の仕事や勉強の進み具合をみて午後の進め方を再度検討することと、昼寝をすることをお勧めします。**

　営業職の方など、午前中に眠くなりやすいデスクワーク仕事をやり、午後は外回りをするという人が多いと思います。それ自体

は否定しませんが、皆がそうした働き方をできるわけではありません。午後も仕事の質を維持したいと思っている方、あるいは休日の午後に勉強を進めたいと思っている方は、是非昼食後に昼寝をしてみるとよいでしょう。

　とくに、早く起きると、当然ですが早く眠くなります。昼寝をすることで、疲れた脳をリフレッシュして仕事や勉強の能率を再び高めることができるのです。時間は20分程度がいいとされています。

　在宅勤務の方は、**思いきって食後にベッドや布団で仮眠をとってみましょう**。その後の時間の質がかなり向上するのではないでしょうか。

　オフィスで働いている方も、デスクや休憩スペースなどで仮眠をとってみてはいかがでしょう。

　ある程度熟睡した感覚が得られると、その後眠くなりにくいと思います。目が覚めたときに「ああ、寝ていたんだ」と思えるくらいの寝入り方はしたいところです。

　もちろん個人差がありますが、私にとっては、昼寝は自分を最大に効率化するツールと思っています。

具体的行動
　昼寝の時間を20分でも確保して、気分をリフレッシュして午後の時間を有意義に使おう。

時間でなく量を意識すると、勉強時間を効率化できる

　スキマ時間の見つけ方はご紹介しましたので、この節では時間をいかにして有意義に、効果的に使うかという話をしようと思います。

　一日は24時間しかないということは、残念ながら変えることができません。仕事などで忙しい方の場合、勉強時間を3時間から6時間に増やすのはなかなか難しいですが（スキマ時間を積み上げるというのはその1つの答えになります）、6時間分の勉強を3時間でするというのは、やり方によっては可能です。

　もともと和田式の暗記数学の考え方は、1時間考えてもわからないものであれば、5分考えてみて解答を覚えた方が効率的だというものです。解答を覚える時間もあわせて10分だとすれば、1時間で6問こなすことができます。

　もちろん復習の密度は1時間考えたときよりは濃くしなければなりませんが、それにしてもかなりの効率化を図ることができるのです。

　大人の勉強法においても、同様に単位時間あたりの勉強量を増やすことが求められます。**重要なのは、勉強時間ではなくて、ど**

れだけ勉強できたか、つまり、量なのです。

　仮に、忙しくてまとまった時間は1時間しか確保できないとしましょう。でも、スケジュール的にはここまではやらないと間に合わないということがわかっている。だからといって睡眠時間を削るのは愚の骨頂です。

　ならば、すべきこととしては、とにかく1時間の時間で、目標とする範囲まで進めてしまうのです。

　ずっと考えていてもわからないものは、早々に解答を見たり、人に聞いたりする方がよいでしょう。それでもわからない場合は、暗記系であればわかりやすいテキストに変更するという手もあります。

　理解系であれば、もう少し前からやり直してみるのもよいでしょう。そして、復習の時間を朝や通勤時間、昼休みなど細かく捻出していくのです。

　こうした勉強時間にあうテキストを選ぶのもよいでしょうし、わからないところを明確にして勉強仲間に聞くのもよいでしょう。少ない勉強時間だからこそ、工夫できることがたくさんあるのです。

　具体的行動
　勉強は時間よりも量が大切なので、わからないところは考えすぎずに解答を見て先に進んでいく。

所要時間を把握できると、勉強計画を立てやすくなる

　当たり前のことのように聞こえるかもしれませんが、所要時間の把握ができていない人が多いのではないでしょうか。この仕事は数分でできる、これは数時間かかるということは何となくわかっても、実際のところどうなのか、までは案外無自覚なのです。

　そこで、企画書を書くのにどれくらい時間がかかるか、メールチェックにどれくらい時間をかけているのかなど、作業あたりの時間を把握しておきましょう。

　朝、メールをチェックして、返信が終わるまでどれだけ時間がかかったか意識して計ってみると、案外かからずにできるものです（計ろうと思うと、ダラダラやらなくなるので）。そうして時間単位ごとにできる仕事を知っておくことも大切です。

　無論、それでガチガチにスケジュールを組んでしまうと余裕がなくなってしまうので、遊びの時間を設けておくことは大事です。できると思われると要求レベルも高くなっていくのが世の常であり、仕事ばかりを押しつけられるようだとその他の時間の確保も難しくなってしまいます。自衛のためにも、少し余裕を持たせるようにしましょう。

　ともあれ、**時間を把握しておくと、スキマ時間を見つけやすくなりますし、作った時間を上手に埋められるようになります。**こうした考え方を、勉強にも応用していくのです。30分あれば、入門書をこれくらい読める、ということがわかれば、勉強のスケジュールが格段に立てやすくなります。

　たとえば資格試験の勉強で、一通り勉強するのに3ヶ月、正確に解答できるようになるまで3ヶ月必要だといわれているものがあるとしましょう。

　一通り勉強するのに必要な3ヶ月を細かく見ていくと、1日あたりこれくらいの量を勉強したらいい、ということがわかります。その量と、自分の所要時間を比較検討するのです。

　もっと短期間で合格できるかもしれないという人もいれば、もう少しゆっくり時間をかけた方がよさそうだという人もいるでしょう。いずれにしても、それがわかるだけで、大分見通しがよくなるのです。

　そうすると、所要時間がわからないものが見えてくるでしょう。そう、娯楽の時間などです。

　もちろん、過度に禁欲的になる必要はありませんが、規則正しい生活を維持するという前提だけは崩さないようにしましょう。

具体的行動
　タスクをこなすのに必要な時間を計り、自分の仕事や勉強に必要な時間を把握しよう。

仕事や勉強ができる人ほど、休むべきときに休んでいる

　効率を重視しましょうとはいいましたが、全ての時間を無駄なくギチギチに詰め込むのは考え物です。不測の事態が生じたときに対応しにくくなりますし、疲れてくるとパフォーマンスが低下してきます。パフォーマンスを極力維持するためにも、適度な休憩が必要なのです。

　人間の集中力は90分くらいが限界だといわれています。大学の講義もそれくらいの時間で設定されています。一般的には、それくらいの間で一度休憩を入れた方がいいでしょう。

　アメリカでは、50分働いたら10分休むというルーティンを守っているビジネスパーソンが多いように思います。日本でも、高校までは50分授業のところが多いですし、45分授業を採用しているところもあります。

　最近は在宅で仕事をしている人も増えたと思いますが、そうするとつい動きが少なくなりがちです。また、オフィスにいるときよりも働きすぎてしまう人も多いようです。**是非適度に休憩を入れて、ストレッチなどするようにした方がよいでしょう。**知的に負荷がかかる作業ほど、意識的に休むべきなのです。

　1日の中での休憩についても大事ですが、1週間の中でも休みを入れるということが大事です。

　土日もギチギチに予定を入れ込んでしまうと、心身ともに疲弊してしまいます。やはり、**週に1日は休養日を作るべきです。**

　それがどうしても難しいという人でも、半日は休むようにしたいところです。

　また、できれば長期休暇も定期的にとるようにした方が、気持ちの切り替えができます。人によっては細かく休みを入れる方が向いているということもあるかと思いますが、いずれにしても自分を休めることが大切でしょう。

　不眠不休で働けてこそエリートだと思われていた時代が長かったですが、それがうまくいかなかったことが今の時代にあらわれているような気がしてなりません。

　仕事ができる人、勉強ができる人ほど、休むべき時にはしっかり休んでいます。大事なのはメリハリです。これからの時代、現役で働く期間も長くなっていきますので、短期間で燃え尽きてしまうと損をするのは自分だということを意識しておくべきでしょう。

具体的行動

　集中力を維持するために、50分やったら10分など、適度に休憩を入れながら勉強するようにしよう。

朝に勉強時間を確保すると、1日を有意義に使える

　ここまで何度か、朝型生活の方が勉強の効率がいいということを書いてきました。前日に勉強したことを記憶に定着させるためにも、朝の疲れていないうちを勉強時間にした方が身につきやすいというのが今まで申し上げてきたことです。

　しかし、こうした考え方への反論として、朝が早いと午後早くに疲れてしまい、結局仕事や勉強が進まないのではないか、というものがあります。

　実は、私ももともと夜型の人間だったので、こうした考えが出てくるのもよくわかります。中学高校時代はラジオを聴いて夜更かしもしていましたし、若手の頃は日中忙しく仕事をして、夜は知人と深夜まで飲み歩きを楽しんでいました。若い頃は体力もあったので何とかなっていたのでしょう。夜の会合は人脈や情報を得るために欠かせないもので、むしろ活力になっていたのです。

　しかし、時代も変わり、共働き世帯が増えてきたことや会社の経費も厳しくなってきたこともあり、夜の会合の回数は以前よりは減ってきました。そういう時代にあって、勉強時間を夜に捻出

してもよいのですが、仕事で疲れていて雑念も入りやすくなっています（それでも、多少の時間は捻出した方がいいということは今までいってきたとおりですが）。

　そこで**疲れる前の朝の時間帯に勉強した方が効率的だ**ということを実感したのです。たとえば、朝5時に起きて2時間勉強したとしましょう。かなりやりきった後でも、まだ午前7時。土日であれば、その後の一日はかなり有意義に使うことができます。

　子育てに忙しい世帯であっても、その時間であれば子どもが起きる前なので、時間を自由に使うことができるのです。夜の寝かしつけは、親も眠くなってしまいますので、そのまま寝てしまうのも手だと思います。その分朝早く起きればいいのですから。

　午後に疲れてしまうという点は、昼寝でかなりの部分は解決できますし、途中で多少糖分をとってもいいでしょう。夜遅くなってきて疲れたら、もう仕事は切り上げて翌日に回した方がベターです。早起きして軽く運動したり珈琲を飲んだりするなど、目覚めのルーティンを決めておくとリズム化しやすくなります。

　著名な経営者や財界人に話を聞いていくと、大体の皆さんは朝型だということに気づきました。早起きをして自分の時間を作ることが、成功への近道なのかもしれません。

具体的行動

　朝早く起きて、勉強するようにすると、効率が高まり、一日を有意義に使うことができる。午後に疲れてしまうという人は、昼寝を取り入れてみよう。

朝食を抜いてしまうと、勉強の効率が下がる

　睡眠の時間だけでなく、食事の時間も大切です。基本的には朝・昼・晩の三食規則正しい食生活をお勧めします。

　しかし、若い人の中には朝食を抜いてしまう人も多いようです。よくいわれていることですが、これは学習には大きなマイナスです。

　朝食は、集中力にも深く関わっています。お腹がいっぱいだと腸に栄養が向かうこともあって眠くなりがちなので、多少お腹が空いているときの方が勉強の効率はよいといえます。**しかし、一定以上お腹が空くと、頭が働かなくなり、かえって勉強の意欲は削がれてしまうのです。**

　たとえば、朝食を7時、昼食を12時、夕食を19時に摂るとしましょう。この場合、朝食と昼食のインターバルは5時間。昼食から夕食まで7時間。夕食と翌日の朝食は12時間空いていることになります。

　そう考えると、ここで朝食を抜いてしまうと、夕食を食べてから翌日の昼食まで実に17時間も空いてしまいます。これではブドウ糖不足になり、脳の低血糖状態を招きやすくなるのは明らかです。

　よく、朝食をきちんと食べている子どもの方が成績がよいということが話題になります。もちろん、朝食をきちんと食べさせている家の方が、教育にきちんと投資をしているというバイアスもあるのかもしれません。

　しかし、朝食を食べている子どもの方が成績がよいという事実は揺るぎないものです。そうである以上、**朝食を摂って損はないと思います。**

　朝あまりお腹が空いていない、朝食を食べた後眠くなってしまうから朝食を食べたくないという人もいるでしょう。朝あまりお腹が空いていないというのは、夕食が遅かったか、まだ身体が起きていないということでしょうから、これも朝型生活を心がけるようにすれば改善できるはずです。

　また、朝食後の眠気は、血糖値の急な上昇によるものですが、バランスのよい食事を摂るようにすることで急な上昇を防ぐことができます。また、**セロトニンが不足すると脳の働きが悪くなり、うつ病になりやすくなりますので、肉を意識的に食べるようにした方がよいでしょう。**

　なお、脳の集中力を保つために食事の間隔を開くというのも有効です。朝食を早くする、昼食を遅くするのも1つの手です。空腹時間に勉強や仕事を済ませてしまいましょう。

具体的行動
　朝食は早めの時間にきちんと摂り、規則正しい生活を心がける。食事の間隔にも気をつかおう。

気になることがあるなら、片づけてしまった方がよい

　睡眠時間や食事のコントロールによってパフォーマンスを高めることができるということをご紹介してきましたが、そうしたことに加えて、集中力をどうすれば維持できるか、という質問をよく受けます。

　実は、集中力さえ高まればいい、と思っていると危険です。もちろん、試験前など、切羽詰まったときに集中力が増すような経験はあるかもしれませんが、そういうタイミングばかりではありませんし、そもそも外圧によって生まれた集中力ですので、自ら高めたものではありません。

　そもそも、「集中しよう」と思えば思うほど、集中できなくなるのが人間というものなのです。仮にものすごく集中できたとしても、その後疲れてパフォーマンスが低下してしまっては、あまり効果的ではありません。

　この場合、集中力の低下を防ぐほうが現実的です。

　気になることが出てしまうと、集中力は低下してしまいます。たとえば、仕事がどうしても立て込んでいるときに、マイペースを維持して早く帰って勉強しようとしてもできないときがありますし、懸念事項が残っていると勉強にも安心して取りかかること

ができません。

　また、夜更かしをしていて寝不足の状態では、当然翌日の集中力は低下するでしょう。二日酔いの場合も同様です。

　集中力の低下を防ぐには、こうした集中力を低下させる要因を排除していく必要があります。体調管理につとめ、深酒を避けるのは当然ですし、**不安なことがあれば解決を図っていくことも大切です。**

　気になる仕事があるならば、先に片づけてしまいましょう。そうして、気兼ねがない状態にして、勉強に取りかかる方が懸念事項を先送りしつつ勉強を続けるよりも、ずっと効率が高まります。

　あるいは、好きなテレビ番組を見てからの方がはかどるかもしれません。改めて、どういう要因で集中力が低下しやすいのか、自分を分析してみることが大切です。

　集中力を下げている要因に気づいたならば、それをどうすれば解決できるのか考えて実行しましょう。勉強の効率を上げようと思うのであれば、この作業にきちんと取り組む必要があるのです。

具体的行動

　勉強に集中できない要因があるのだとしたら、それを解消して勉強するようにする。

小さな締め切りを設けると、集中力を維持しやすくなる

　前の節で紹介したように、集中力で大切なことは、パフォーマンスを下げる要因を排除して、自分のペースを保つことです。さらにいうと、要因の排除に気を遣いすぎて本末転倒にならないことが大事だといえます。

　早起きして勉強しようとしたものの頭が冴えないので軽く運動をしようと考えて、本気でやりすぎてかえって疲れてしまっては意味がないのです。この辺のバランスを、自分で試しながらつかんでいくことが大切だといえます。

　そうはいうものの、集中力を高めるコツがないわけではありません。前の節で、試験前に切羽詰まって勉強するという話を書きましたが、**締め切り前というのは集中力が高まるものです。**

　また、テストを解いているときであっても集中力の差はあって、開始時と終了間際が高まっています。

　つまり、**こまめに締め切りを設けると、人工的に開始と終わりを作ることができるので、集中力を高めることができる、**というわけです。

　50分勉強したら10分休む、90分勉強したら10分休むなど、休

みを効率的に取り入れようということを説明しましたが、その応用で、50分、90分の中身で細かく締め切りを設けていくと、その中で集中することができます。

　たとえば50分の勉強時間を10分ずつ5つに区切って、最初の10分で問題集を1ページ分解いて、次の10分で答え合わせ、次の10分で解説を読み込み、次の10分でもう一度問題を解いて答え合わせをして、最後の10分でテキストの該当箇所を読む、などのやり方が考えられるのではないでしょうか。

　そうすることで、短い時間内でこまめに自分を追い込むことができます。無論、同じ時間で区切ると不都合も出てくると思いますので、適宜調整することが必要です。

　ただ、ここまで読まれてご想像の通り、終わったらかなり疲れることになります。ですので、こまめに休憩を入れることが必要ですし、日中であれば昼寝などでリフレッシュしてもいいでしょう。

　過度に集中力に頼りすぎて、翌日かえって集中力が低下することがないように気をつけましょう。

具体的行動
　短い時間の中で、こまめに締め切りを設けて集中力を高めるとともに、持続可能にするために適宜休憩も入れよう。

ラッシュを避けると、通勤時間に勉強できる

　通勤時間が長い、という方も多いかと思います。独身の時は職場の近くに住んでいて通勤ラッシュというものをあまり気にしなかったという方が、結婚や子どもが生まれたタイミングで郊外に家を構えてみると、途端に生活リズムが大きく変わって自分のペースがわからなくなる、ということはよくあります。

　プライベートでの自分の時間が無くなるということが大きいのですが、あとは通勤時間が長くなって疲れがたまりやすいということも大きいかと思います。

　片道1時間として、往復2時間。1週間に5日通勤している人は、毎週10時間、1ヶ月に40時間以上費やしています。**この時間を勉強に充てられれば、かなりの時間を捻出できるということになります。**

　たとえば、いつもより1時間以上早めに通勤すれば、通勤ラッシュを避けてゆったりと通勤できるかもしれません。読書以外にも、スマホやタブレットを使ってちょっとしたメモを書くこともできますし、ニュースをチェックするのもよいでしょう。

　早めに着いて、会社の近くにあるカフェを利用すれば、1時間

は自由時間として使うことができます（小遣いの額が少なくて難しい…という方もいらっしゃると思いますが、そこは交渉して頑張ってください）。朝食後は眠くて…という方は、電車の中は睡眠時間にするということでもよいと思います。グリーン車を利用してリラックスするというのも時間の有効な使い方の1つです。

あるいは、会社によっては働き方改革の一環として、早出、遅出、在宅勤務を認めているところもあります。とくにコロナ問題が出て、そういう会社は増えてきました。

早く会社について仕事を始めてしまって、早めに帰宅するという方法もあるでしょうし、早起きをして家で勉強をして、ラッシュが終わってから出勤するという方法もあります。

東京近郊では、早朝でも満員ということもよくありますが、そういう路線は遅らせると実はガラガラということもあります（担当編集者談）。

どうしても時間に制約があって混雑した電車を使わざるをえない人は、ホームでの待ち時間を活用するという手もありますし、あとは電車の中はイメージトレーニングや仕事の段取りを考える時間に充ててみてもよいかもしれません。

あるいは、勉強したことを思い出そうとしてみて、どこが思い出せなかったかあとから復習するという手もあります。できることは色々あるのです。

具体的行動
通勤ラッシュを避けて空いている時間帯に通勤したり、各駅停車を活用したりすると、時間を捻出できる。

長期計画だけだと、達成感を得にくくなる

　資格試験に向けて勉強を始めるとしましょう。試験は半年後。さあ、気合いをいれて勉強しよう…と頑張ってみても、一日二日勉強したら、息切れしてしまうのではないでしょうか。

　こんなに頑張ったのに、これしか終わっていない…そう思うと、せっかくのやる気も無くなってしまいます。結局、試験に間に合わないということにもなりかねません。

　試験日の決まっているものに限らず、どんな勉強であっても、**ある程度で期限を決めて達成目標を決めておかないと、勉強がはかどらなくて身につかないことが多いのです。**

　話を単純にするために、試験の合格を目指して、テキストと問題集、それぞれ一冊を完璧に仕上げるという予定を立てたとしましょう。

　半年の間に3回分こなすとして、最初の3ヶ月で1回目、次の2ヶ月で2回目、最後の1ヶ月で3回目を終えるということを考えたとします。しかし、初日の勉強をしてみたとして、どうでしょう。全体を100だとして、頑張って100分の2をやったとしても、それでクリアした感じがするでしょうか。まだ100分の98も残っ

ている…と思ってしまって遠く感じてしまうのが関の山です。

　そうならないために、**1週間ごとの予定を作ることをお勧めします**。3ヶ月で13週あるとすると、1週間でこなすのは100分の8でいいはずです。そうすると、どうでしょう。初日にこなしたのは同じく2だったとしても、8分の2になります。そうすると、何とかやれそうな気がしてくるのではないでしょうか。ここでもスモールステップが役に立ちます。

　このペースでいけば4日で今週の目標分はクリアできますので、他の日も同じペースで進めて先に進んでしまうもよし、他の勉強をするもよし、他の日はちょっとペースを落としてもよし、です。あわせて、1日はオフにすることもできるでしょう。

　このように、ロングスパンの計画だけだと目標が立てにくいですし、途中で予定が狂うことが多くなります。1週間というスパンならば、仕事をしている人であれば大体の予定は立てられるでしょう。月単位の予定も必要ですが、もっとざっくりと、一ヶ月分の復習日を設定しておくなどでよいと思います。

具体的行動
　1週間単位でスケジュールを立てるようにして、クリアしている実感を持とう。

週1は休みを入れないと、勉強の効率が下がる

　さて、勉強をする中で、休みをいれることの大切さを説明してきました。ずっと同じ集中力で勉強を続けるのは難しく、疲れてくると効率が悪くなります。

　一日の時間の中でもそうですが、一週間の中で一日は休息の日を設けないと、だんだんストレスがたまってきてしまいます。

　そこで大事なのは、休日の過ごし方です。土曜・日曜がお休みの方が多いかと思いますが、どちらか一日は休息の日を入れて、リラックスできるようにした方がよいでしょう（もちろん、勉強することがとにかく楽しい、趣味や娯楽になっているのであれば、その限りではありません）。

　お勧めしたいスケジュールの立て方は、**月曜日から金曜日の間にできる勉強量を、一週間の予定量としておいて、土曜日は「借金返済」と復習に充てる**というものです。

　つまり、勉強の予定を立てていたものの急な用事が入ってしまって勉強できなかった日や思うように進まなかった日の分のリカバリーを土曜日にやってしまい、翌週に持ち越さないようにするということと、その一週間に勉強したことを土曜日に復習し

て、記憶の保持を確実なものにする、ということです。

　これによって、計画は狂わないし、確実に勉強が身についてくるのです。

　「036 記憶の保ち方①」でも書いているように、復習は直後と翌日、1週間後というサイクルが望ましいと思います。ルーティンとしての復習サイクルは維持できた方がよいと思いますが、それとは別に、1週間分をまとめて復習することで、バラバラに学んでいたことを集合として捉えなおすことができます。そこで学んできたことを統合できると、理解はより強固になるのです。

　大人の場合、平日は忙しすぎて勉強ができないので、土日に勉強をしたいという場合もあると思います。教養目的の趣味ならばそれでもいいのですが、資格試験の勉強の場合は、なるべくこの形は避け、毎日少しずつでもやった方がよいでしょう。

　1週間空いてしまうと忘れてしまうことも多くなりますし、土曜日の勉強のとっつきが悪くなるからです。土日メインにならざるをえない場合でも、平日は土日に勉強したことを維持すべく、復習を少しずつやっておきたいところです。

具体的行動

　勉強のスケジュールは月〜金で組んでおき、土曜は「借金返済」と復習の時間に、日曜は休息に充てるようにする。

ルーティンを守らないと、やる気がなくなってしまう

　前の章でも言及しましたが、歯磨きのように、最初は嫌がっていても習慣化できてしまえばやらないと気持ち悪くなってきて、自動的にできるようになってくるものです。しかし、多くの方がお悩みなのは、それはわかっていても、なかなか実行に移せないということではないでしょうか。

　勉強に限らず、実行力を上げるには、まず「やらない理由」をつくらない、ということです。自分に逃げ道を作ってしまうと、どんどんやらない方向に流れてしまい、そのうちやる気がなくなってしまうのです。

　何かを「やらない理由」はたいてい、「やってもうまくいかないだろう」とか、「やっても無駄な気がする」というような思い込みです。

　投資や起業であれば、失敗した場合に失うものもあるので慎重になるのは当然ですが、**勉強をやってみてうまくいかなかったところで、失うものは自分の時間だけです。**

　時間を失うのが怖い、という人も多いでしょうが、何をしなくても時間は失われていきます。たとえ無駄であったとしても、そ

144

のことに気づけただけでも意味があるわけですから、まずは試してみようという発想を持つのがいいと思います。「やってみる」という経験そのものが大事だと考えてみてください。

　好きなことを追求することもおすすめです。好きなことであれば、必然的にやる気になります。何でもいいので好きなことをしてみるといいでしょう。

　あるものについて、きわめて高いレベルの知識を身につけると、実は付随して色々な知識がついてくるのです。そうしたことから、以前は興味が無かった資格の勉強をもう少し頑張ってみるか、という気になってくることもあります。

　そういう軌道修正をしてみてもいいと思いますし、まだそういう気にならなければ、まずは好きなことを極めることを目指しましょう。

　最近は、ブログなどで好きなことを発信しやすくなりました。そのことで評価を得られる可能性が出てきています。アウトプットに対する反響から、色々学べることもあるでしょう。

具体的行動

　好きなことから手をつけてみると、学びが習慣化しやすい。まずはルーティンをつくることを意識しよう。

第5章

超速！ インプット術

綺麗に書こうとすると、それが目的になってしまう

　ノートは下手なものより、綺麗なものの方がよい、後から復習するときもその方がわかりやすい、というお考えの方が多いかと思います。

　とくに、中学校時代にノート提出が義務づけられ、それが成績に反映していたという経験をお持ちの方に、そうした思いが強いかもしれません。

　では、どうしたらいいのか？　ですが、大事なのは、「何のためにノートをとるのか」、ということです。講義やセミナーでとったノートを、あとで見返している人はどれくらいいるでしょうか？　読み返すことを前提でノートをとるということが、まず大事なポイントです。

　そう考えると、記憶を想起できるレベルまでノートに書き込まれていることが大事だということになります。

　従って、特に資格試験の勉強などの講義では、**ひたすらノートをとる**やり方がいいでしょう。講師が話したことを、すべて書きとどめるようにするのです。

　これは、雑談であっても例外ではありません。話が脱線した雑

談の方が面白かったりするものですが、その分、印象に残りやすいのです。あとで読み返したとき、なんでこの話に脱線したのだろう？　ということを考えると思います。そこに理解を助ける重要なポイントがあったりするのです。

　そうやって覚えていくと、それがきっかけとなって、前後の講義内容も鮮明に思い出せるようになるのです。

　知識や教養を深めるセミナーの場合は、ひたすらノートにとるよりも、講師の話を聞くことに集中した方が、頭に残りやすいのではないでしょうか。

　正確に記憶すること以上に、自分にとって興味のある話を聞けるということの方が意味を持ちますので、面白いと思ったことを重点的にメモすればよいでしょう。

　いずれにしても、**ノートは、綺麗に書く必要はありません**。ノートを読み返してみて、あまりにも乱雑で読みにくい場合は、別にまとめノートを作ってみてもいいでしょう。まとめノートを作るときには、読み直してみてわかりにくいところを補足するメモや、整理した図も書いておくと効果的です。

　ICレコーダーなどの機器に講義を録音しておいてもいいですが、頼りすぎず、話を聞き取ることに集中するようにしましょう。

具体的行動

　資格試験などの講義の場合、雑でもいいのでとにかくたくさんメモしよう。

別々のノートに記録すると、どこに書いたか忘れてしまう

　学生時代のことを思い出してください。教科ごとにノートをとっていたのではないでしょうか。大事な想い出として、保存している方も多いと思いますが、復習のために実際に使うかというと、なかなか使わないものです。

　それよりも、手元に一冊ノートを持っておくようにしておいて、必要な時にいつでもノートに書き込めるようにしておいた方が、使い勝手がよいのではないでしょうか。

　大事なポイントは、あとで自分が復習できる、ということです。**とにかく何でもメモするという習慣を身につけておくと、復習せねばという気にもなってくるのではないでしょうか。**

　そして、記録用はとにかく一冊のノートにして、復習の時に科目やテーマごとに分けるという方法がよいでしょう。

　ダメなのは、いくつものノートをもっていて、「あれ？　あの時のメモはどのノートに書いたかなあ？」と混乱することです。日付さえ覚えておけばそこに辿り着けるようにしておくことが大切です。絶対の正解の方法はありませんので、自分が使いやすい方法にアレンジすることをお勧めします。

　最近であれば、タブレットにノートのアプリをダウンロードして、使っている人も多いでしょう。以前は手書きができないことに抵抗感を持つ人も多かったですが、デバイスの進化でそうした問題も解決しつつあります。また、この形式であれば、1つの端末でテーマごとに分けて、ノートをとることもできます。

　書類も一緒にフォルダに管理することもできたりするので、整理もしやすいですし、整理不能なテーマについては仮に「何でもメモ」のようなフォルダを一つ用意しておいて、整理の段階で分ければよいのです。そしてスマートフォンと同期しておけばバックアップもとっておくことができ、万全です。

　とはいえタブレットにはどうしても抵抗がある、紙のノートに書き込みたいという人も多いと思います。それはそれで問題ないと思いますので、その場合はとにかく通しのノート一冊を持ち歩くようにしてください。

　日付とテーマを記入しておき、それを復習できるようにするのです。エクセルで日付とテーマ、ページの記録を管理しておけば、検索しやすくなります。

具体的行動

　一冊のノートを持ち歩くか、タブレットに書き込むかして、いつでもメモできるようにしておこう。

情報を集めすぎると、整理するのに時間がかかる

　情報との関わり方のポイントは、どうやって情報を集めて、どう整理するか、です。皆さんは、どうやって情報を集めているでしょうか?

　ほとんどの方がネットで検索して集めているかと思います。それでもいいのですが、ネットの情報量はとてつもなく多く、そして玉石混淆です。こうした情報の中から、取捨選択して整理するのはものすごく時間がかかってしまうのです。

　確かに、ニッチなテーマだったり、事前の絞り込みがかなりできていたりして検索結果が少なければパソコンに保存するなり、メモをしておくなりできそうなものではあります。

　しかし、そうでない場合、無数といっていいほどの情報量ですので、保存しようと思うことは賢明ではありません。いくつかあたりをつけて見てみたら、それでよしとしましょう。ほとんどのページは、また後で検索できるからです。

　つまり、**今の時代は情報を集める力よりも、捨てる力が求められている**ということができるかもしれません。情報のスクリーニングをする基準を持つことができるかどうかが肝なのです。

その基準は、「自分のわかりそうな情報」「興味のある情報」「大切だと思う情報」などと決めておいて、それだけを読むようにする、などの姿勢が必要だと思います。ネットのすべての情報にアクセスしようと思うと時間が足りませんし、そういう能力はAIには敵いません。人間のやり方で勝負すべきでしょう。

さて、そうした基準の中に、自分が理解できるか、関心を持てるかということが入ってくるかと思いますが、まさに**自分の依って立つ幹を持つ**ということなのだと思います。

私は、この幹となるテーマの情報は、できるかぎり本や論文などで得た方がよいと思っています。入門書などであらかじめ概要を調べておいて、枝葉の情報についてだけ、ネットで検索するというのが賢明です。

専門家が自らの責任をもって執筆していることの方が信頼できるということは、やはり間違いないからです。

そのため、そういう情報を得る上で効率的なのは、専門家や詳しい人に聞くことです。お勧めの入門書を教えてもらうのもいいでしょうし、本を読むよりもわかりやすく教えてくれるかもしれません。

特定のテーマに強い人の話をひとまずは素直に聞いておくとよいでしょう。「疑う」のは、まずは全体像が見えてきてからでも遅くないかもしれません。

具体的行動

ネットに頼りすぎず、本や専門家から学ぶようにしよう。そうして自分の「幹」をつくっておくことで、情報の取捨選択ができるようになる。

要約力がないと、
情報はゴミになる

　前の節では、情報の集め方というところから解説していきました。要は自分の専門性や得意分野を持ち、それを読書や専門家の教えを請うことで「幹」として太くしていくことがまず大事だということです。

　そのように自分の情報の「幹」を持つということはとても大切なことですが、一朝一夕でできることではなく、これができないから苦労している、ということなのだと思います。

　情報の幹ができれば、枝葉の情報をそこにくっつけていけば、関連づけられた効率的な情報体系ができあがり、情報を要約するポイントも容易に発見できるようになります。

　このことを逆から見てみると、**情報の幹を持つということは、要約力を身につけるということ**だということができることに気づくのではないでしょうか。

　要約ができないと、単なる情報の垂れ流しになり、意味を持ち得ません。それでは自分の武器として活かすことができず、単なるゴミ情報になってしまいます。

　要約というのは、数学でいうところの帰納法であり、具体的な

ものを抽象化することでもあります。要約の力を上げるために
は、取り扱う事柄の背景にある大きな構造を把握しておくこと、
言い換えに必要な語彙を増やすことが必要です。そして、具体と
抽象の行き来を繰り返すのです。そのためにも、勉強が必要に
なってくるのです。

　そうした努力を継続しながら、枝葉の情報に接したときに「何
がいいたいんだろう？」「要点はなんだろう？」を常に考えるよ
うにします。そうすると、次第に要約力が高まってきます。ま
た、それが「情報の幹」になってくるのです。泥臭く場数を踏む
と、それが財産になってきます。

　ビジネスパーソンの学びにとって重要なことは、**幹を１つでは
なく、いくつかつくっておく**ということです。

　金融業界で働いている人ならば、「金融」という１つの太い幹
ができます。それ以外に、金融と関連する「財務」や「不動産」、
あるいは「法務」「マーケット」などといった幹も増やしていく
と、情報の広がりが出てくるのです。いくつもの情報の幹を持っ
ている人は、それだけ活躍のチャンスも広がってくるのではない
でしょうか。

具体的行動
　情報の幹を獲得するために要約力を磨き、得た情報を自分の言葉で
表現できることを目指そう。

必要なものまで片づけると、かえって混乱してしまう

　昨今、オフィスでもフリーアドレスが普及してきて、どこでも仕事ができるようにするために帰宅時に卓上ゼロを掲げている会社も増えています。

　資料もデジタル化できる部分が増えてきて、必ずしも紙で保管しておかなくてもよいものが増えてきているという事情も後押ししているように思います。

　仕事の進め方としてはこれで問題ないのですが、勉強になってくると話は別です。

　あくまでも私の場合なので、一般的に正しいことだとまではいえないのですが、**確認作業が終わっていない資料まで片づけてしまうと、勉強の連続性が失われて、翌日の勉強の立ち上げに時間がかかってしまうのです。**

　私の場合、原稿執筆に必要な資料はなるべく、手が届き、目に見えるところにおくようにしています。つまり、ある原稿を書く際には必要な資料をあらかじめパソコンデスクの両脇にある机の上においたり、それでも足りないときは床に置いたりしています。

　そして、それが終わればまたもとの場所に戻して、次の資料を同じように机や床に並べるのです。

　そのため、見栄えはとても悪いのですが、こういうものをいちいち寝る前に片づけてしまうと、気持ちよくスタートできないのです。整理整頓は目的ではなく、手段だということは、忘れてはなりません。実は、大学受験、医師国家試験の際にもこうした勉強法を使っていたので、資格試験にも役立つ方法だと思います。部屋を綺麗にしたければ、やるべきことを終えよう、ということでもあります。

　そして、普段の本や情報の管理方法ですが、一般にいわれているように、カテゴリーごとに分けておくのがよいとは思います。

　しかし、ここがポイントですが、**あまり分類に力を入れすぎないことが重要です**。なぜならば、いちいち大量の情報をカテゴリー分けしていたら時間がもったいないからです。

　資格試験、教養、小説、という分け方や、資格の中で資格ごとに分類するなど、おおまかなカテゴリーで分けるだけで十分だと思います。

　とくに、そこまで整理整頓が得意でない人は、無理に整理しようと思わなくても大丈夫だと思います。それができなくても、勉強の成果にはさほど影響しません。中心となる情報の幹ができてくれば、自然と頭の中で分類できるようになってくるでしょう。

具体的行動

　情報整理は綺麗にすることを目的にするのではなく、自分の作業の連続性を優先していれば自ずとできてくる。

入門書を馬鹿にすると、かえって遠回りしてしまう

　勉強を始めるときの心構えや、スケジュールの立て方のところでも少し触れてきましたが、あるテーマを勉強しようと思うとき、入門書との出会いが大切です。

　大人なのだからと、著名な著者のテキストや定評のある教科書から読もうとするのはハイリスクだといえるでしょう。**まずは、見栄を張らずに、安価でわかりやすい手頃な入門書を手にとればいいのです。**

　たとえば、簿記の試験を受けようとしているのに、会計学のテキストを購入するというのは、ハードルを上げすぎています。そうではなく、過去問を集めた問題集を購入し、それを解いてみてわからなかったところを確認した上で入門書に取り組むというのが鉄則です。

　ただ、入門書を読んだからといって、アウトラインをつかむスタートラインに立ったにすぎないということは忘れてはなりません。入門書で得た知識を得意気に語ったりすると、本当に詳しい人がいると大恥をかきます。基礎を固めつつ、レベルを上げていくことをお勧めします。

　それでは、入門書を探すときのコツというものはあるのでしょうか？　ネットでの評判を見るのもいいのですが、是非自分で読んでみることをお勧めします。

　そのために、行きつけの大型書店をつくっておくとよいでしょう。書店に行き、実際に棚の中から何冊か読み比べてみましょう。

　その際、重視すべきは**「まえがき」と目次**です。本を書いてみるとわかるのですが、「まえがき」だからといって最初に書くことばかりではありません。多くは本文をある程度書き上げて、読者に一番伝えたいことが明確になってから書きます。

　そのため、「まえがき」を意識して本を追っていくと、流れが掴みやすいのです。本の構成意図などが載っている場合も多いので、そうしたものを確認してみて、わかりやすいものを選んでください。

　出版関係者は最後のページにある奥付を見て、何度増刷しているかを見たりします。版を重ねているものは信用できるということです。基本的にはそれでもいいのですが、組織票があったりしますので、刷数が純粋に中身の良さと対応しているかといえばそうでないこともあります。自分で読んでみて、良し悪しを確かめてください。

具体的行動
　「まえがき」と目次に目を通してみて、いいと思った入門書に取り組むと学習を進めやすくなる。

必要な箇所を読むだけでも、読書の成果は出てくる

　本は頭から読み始めて、最後まで読まなければ読んだことにならない、そう思っている人が多いようです。しかし、その割には、読んだ本のことを憶えているかといわれると、なかなか思い出せないものです。

　その理由はシンプルで、読み直していないからです。でも、もう一度頭から読み返すのはちょっとしんどい…と思われるかもしれませんが、小説などはさておき、とくに勉強関係の場合、必要なところだけ読むという使い方もあるのです。

　たとえば、1章だけ読むということでも全く問題ないでしょう（大体、いい本ははじめの1章が面白いものです）。そのかわり、その部分だけは何度でも読み返すようにします。そして、チェックマーカーで要点に印をつけたり、ノートに要点を書き写したりするなどして自分だけの本に仕上げていくのです。

　「若い頃と比べて記憶力が低下した」「本を読んでも内容を忘れてしまう」とお嘆きの方は多いですが、記憶のところなどでも説明したとおり、記憶力が落ちたのではなく、得意な記憶の仕方が変わっていること、昔のように熱心に覚えようとしなくなったこ

とが実は原因だったりします。

　今よりもずっと記憶力がよかったはずの若い頃でさえ、覚えられない自分にいらだち、必死で何度も読み直したり書いたりして覚えたはずです。そうした努力は、今後も必要なのです。

　本の値段を考えてみましょう。数百円のものから始まって大体は1000円台に集まっているでしょう。専門的なものになると2000円を超えてきますが、それでも数千円というものは医学書などを除くとまれで、大体は安く買えるものばかりです（それはそれで、書き手や出版社にとっては辛いところもあるのですが）。

　1冊の本のうち、数ページでも自分にとって使える部分があれば、それで十分元がとれているのではないでしょうか。むしろ、全部読み切ろうとする時間的なコストの方が馬鹿になりません。

　本書も、項目が100個ありますが、「まえがき」にもあるとおり、時間のない方にも必要なところから読んでいただけるように工夫して編集しています。使い方は人それぞれですので、そういうものだと思って活用してください。

具体的行動

　本は、必要だと思うところを集中的に読むと効果的である。時間がない人は全部読むことにこだわらずに、学びたいところを選ぼう。

つまらない本を読んでも、時間の無駄なので止める

　本の選び方として、「まえがき」や目次をみることをお勧めしました。また、読み方として特定の部分だけを繰り返し読んでみても効果があるということも説明しました。

　とりわけ、多くの本ではまえがきに続く序章や第1章で総論的なことを書き、それを受けて個別の話に入っていくという流れを採用することが多いので、全体像をつかみたいというときは第1章くらいを集中的に読むというやり方もあります。

　それで面白ければ、個別の章に進むというのでもよいでしょう。

　また、中には後ろから読むという人もいます。これは、単著の専門書や専門性の高めの新書などでよくあるケースですが、雑誌の連載などで書きためたものに、最後に書き下ろしをつけるということがあり、それで一冊の本にします。つまり、最新の原稿は最後の部分にあるというものです。そうした部分を先に読んでしまうというのも効果的です。

　さらに、人によっては「あとがき」を読んで本を買うかどうするか決める人もいます。「あとがき」には謝辞があることが多

く、関係者へのお礼を述べていたりするのですが、ここで誰に対してお礼をいっているかで筋の良し悪しを判断するのだそうです（そうやって新しい著者を開拓する編集者も多いそうです）。

　こうした見方をすべて試してみても、恐らくそれほどの時間はかからないでしょう。場合によっては立ち読みである程度カバーできるかもしれません。

　それで読んでみて、どうしてもピンとこなかったり、面白くないと感じてしまったりしたら、迷う必要はありません。読むのを止めましょう。

　残念ながら、本によってはタイトルで注目を集めて、とにかく買わせようと出版社が考えたものや、編集者が内容を正しく理解せずにタイトルをつけたものなどがあり、あまりお勧めできない内容のものも多く流通しています。そういうものを我慢して読むのは時間と金の無駄です。

　あるいは、よい本だといわれているものであっても、どうしても自分とは合わないと思うものもあるでしょう。それは縁がなかったというだけですので、気にしないで他の本を読めばいいだけだと思います。

　買ってしまっている場合も、「せっかく本を買ったのだから何か情報を得なければ！」と必死になるよりも、次に行った方がコストパフォーマンスがよいのです。

具体的行動

　つまらない本だと思ったら今は読む時期ではないということ。読むのを止めて、次の本に行こう。

「比較読み」をすると、理解を深めることができる

　民間資格などで、「公式テキスト」が1つしかないものなどがよくあります。そうしたものは、検定の実行委員が執筆していることが多く、基本的にはその本を中心に勉強するという方法をとることが王道です。

　しかし、公式テキストなどがなく、国家資格を中心に各出版社がそれぞれに入門書を刊行しているものや、学問分野などの入門書の場合、最新の情報をフォローしきれていなかったり、特定の部分の記述が手薄になっていたりすることもあるため、1冊だけで満足してしまうのは危険だと思います。

　そのため、できれば2冊は目を通した方がよいでしょう。実は、タイトルに反して入門書の体をなしていないケースもあり、2冊読むことでリスクヘッジの効果もあります。

　体系的に内容が網羅されている本を読み通せたとしても、違う本をもう一冊読むことはとても効果的です。片一方で手薄だったところが手厚く説明されていたり、同じことを記述するにしても違った表現で書かれていたり、違った順番で説明されたりすると、**理解が重層的になる**のです。

　書かれていることを別の言葉で言い換えることができるように

なると、アウトプットのクオリティが一気に高まります。選択式回答でも惑わされることは少なくなりますし、何より記述式回答がうまくなるのです。

　「もう一冊」を選ぶときは、違う出版社の似たコンセプトの本を選んでもいいですし、同じ出版社であっても違う著者の本や、奥付を見て担当編集者が違う本を選ぶという手もあります。

　同じ会社であっても、担当編集者が違うとクオリティが全く違うということがよくあります。

　内容をよく理解して、コンセプトを作り込んでいる編集者もいれば、著者から上がってきた原稿をそのままを出版する編集者もいて、それが面白い世界でもあるのですが、買う側としてはそういう結果として本が出ているということは知っておいた方がよいと思います。

　最近は出版社のtwitterなどで編集者も自分の意見をいうようになっていますので、そういうものをフォローしてみるのもいいでしょう。

具体的行動

　入門書は2冊買っておいて、それぞれの内容を比較してみると理解が重層的になる。自分の理解が足りなかったところもわかるので、比べ読みをするようにしよう。

印をつけていくと、
自分だけの本に仕上がる

　買った本で、読んでみて面白かったと思ったものは、徹底的に汚しましょう。

　中には新古書店に持って行って売ることを考えている人もいると思いますが、売るための手間をかける時間分もお金をもらえるとは思えません。そんなことは気にしないで、**どんどん書き込んでいったり、重要な箇所をマークしたり、付箋をはったりして自分だけの本に仕上げていくべきです。**

　大人が限られた時間を使って勉強する以上、アウトプットすることを前提に勉強する必要があると思います。

　目的を持たずに乱読（濫読）することが伏流となっていずれ溢れ出るという考え方もあるのですが、それが許されるのは若いうち、もっというと（一昔前の）大学時代くらいのものです。

　昨今は大学であってもアウトプット重視に舵を切りつつありますし、教養教育がそれでいいのかについては議論があるとしても、それだけ**アウトプットが求められている時代である**ということについては敏感であるべきでしょう。

　そして、読んだ内容を正確にアウトプットするためには、どこ

に何が書いてあったのか、後から検索できるようにしておかなければなりません。中には紙の書籍と電子書籍を両方買って、電子でキーワードを入力して検索する人もいるようですが、そこまでしなくても、付箋を使えばかなりの部分は解決できると思います。

　気になったページに付箋を貼っておけば、そのままインデックスの機能を果たしますし、付箋そのものに情報を書き込むこともできます。

　あわせて、重要な箇所に線を引き、余白にメモを書いておくようにしましょう。私は3色ボールペンを使っています。メモは黒でいいのですが、最初に読んだ時に気になった部分に赤線を引き、赤線部分だけを読み返して、とくに重要だと感じた箇所に青線を引くという使い分けをしています。

　読み返しているうちに、赤線は引かなかったが、目に飛び込んできた箇所がやはり重要だと思って青線を引くというところもあるでしょう。それで問題ありません。

　もちろん、色の使い分けに正解などありません。好きなようにアレンジしていただければと思いますが、本は汚せば汚すほど価値があるということは間違いないでしょう。

具体的行動

　いいと思った本は付箋とペンで徹底的に汚そう。そうすることで、思い入れができてくる。

繰り返し書くと、
記憶が定着する

　手は「第二の脳」だといわれることがあります。手には5本の指から手首まで多くの神経細胞が集まり、それが脳にリンクしているのです。

　そのため、**手をうまく使うと、脳も活性化することができます**。すると、手を使って記録すること、つまり手で書くという行為はとても有効であることは想像に難くありません。とくに手書きだと、一文字一文字への意識の向かい方が大きく違い、印象に強く残ります。

　したがって、手で書いて覚えるということに大きな意味があります。メモをして、帰宅してから見返して音読すれば、脳が活性化されることは疑いようもありません。

　それを音読してみて、わからないところがあれば、それが重要ポイントなのです。不確かな部分を埋め合わせると、記憶が繋がっていきます。

　また、英単語や重要語句などを覚えるときも、**繰り返し書いていくと、手と目の両方から情報が入ってきます。さらに、自宅で音読をしながら書けば、耳からも入ってくるのです**。その日の寝る前、朝起きた後、1週間後、1ヶ月後と同じ方法で復習を重ね

れば、もう万全です。

　キーボードであっても、文章を書くことで脳を活性化すること
ができます。手を使って入力した文章を、目で見ているからで
す。

　作家や大学教員などを除く一般の人は、企画書やビジネス文書
以外、あまりまとまった文章を書く機会がなかったかもしれませ
ん。しかし、ビジネスパーソンであっても大学院に通ったり、論
文を書いたりする機会は今後出てくるかもしれませんし、もっと
身近なところではブログやフェイスブックなどで、人に見られる
ことを意識して文章を書く機会が増えてきています。

　SNSでの発信は人に読まれる文章を書くための、よいトレー
ニングになります。

　できれば、これだけでなく、自分が極めたいテーマやニュース
的な情報も、書きとどめておきたいところです（人に見せるのが
センシティブなテーマの場合、カギをかけて保存しておくという
手もあります）。

　あるいは勉強したいテーマを公表して、自分をあえて追い込む
というのもよいでしょう。そうして勉強へのモチベーションを高
めていくことにも活用できるのです。

具体的行動

　覚えたいことは、とにかく書いて書いて、手と目と耳をフル活用し
て覚えるようにしよう。

大枠を把握すると、
細かいことも覚えやすい

　大学入試で世界史を選択した人は覚えがあるかもしれませんが、いきなり細かな年号や人名、事件を覚えようとしても入ってきません。

　そこで、まずはざっと全体像を学び、おおまかな流れを把握してから、少しずつ細かく見ていくというやり方で覚えていくのが鉄則とされています。

　大→中→小という流れを意識して勉強すると、自分がどの段階を学んでいるかも自覚的になり、大きな枠組みと個別の事象との行き来が可能になってきます。

　このフレームの行き来をうまく使えるようになると、プレゼンテーションの技術も格段に上昇します。

　人間が物事を理解して覚えるためには、段階を踏んで覚えた方が、結局は正確に把握することができるのです。

　そのため、あるテーマを勉強しようと思ったときの進め方として、すでに述べたように全体を大雑把に把握するための平易なテキストや入門書を購入し、それで大体のイメージをつかんでから、より詳しいテキストに進んでいくという方法があります。

　あるいは、テーマごとに冒頭に大枠を提示し、その後細かく見ていく構成になっているテキストを購入するという手もあります。

　前者（入門書）の方がひとまずスピーディに最後まで行きやすいことが多いですが、どちらでも、勉強がはかどると思う方を選べばよいでしょう。

　実際にビジネスシーンで長めの文章やビジネス文書の内容を頭に入れなければいけないときも、初めて読んでいきなり丸暗記するのはおすすめできません。

　新聞の場合、忙しい人を想定して編集されていますので、見出しが大きい記事がまずは重要なものです。さらに、冒頭に要旨を記載する形になっていますので、全体の見出しにざっと目を通し、気になった記事の冒頭を読むようにするのがよいでしょう。時間があれば、文章を全部読むと深掘りできます。

　ビジネス文書の場合は、そこまで配慮されていないケースも多々あります。とはいえ、全体でどういう情報を伝えたいのかは、まずは見出しを追っていけばイメージすることができます。そこで、見出しのチェックから始めるのが鉄則でしょう。

具体的行動

　いきなり細かいことを覚えようとすると全体像が見えなくて覚えにくいため、まずは大枠を把握してから、個別のテーマを学ぼう。

テストを何度も解くと、記憶に残りやすくなる

最近の認知科学の実験によると、学んだことの復習をするときは、普通にノートを見返すという方法よりも、**テスト型の復習が効果的**だということがわかっています。それを繰り返していけば、記憶が定着するのです。

以下のような実験がありました。4つのグループにスワヒリ語の単語を40個覚えさせて、どのくらい覚えているかテストを実施します。全部覚えてもらうまで再テストをしたのですが、グループごとに違うやり方で実施しました。

①40個すべてを覚えなおさせて、40個すべてのテストをする
②40個すべてを覚えなおさせて、間違えたものだけをテストする
③間違えたものだけ覚えなおさせて、40個すべてのテストをする
④間違えたものだけ覚えなおさせて、間違えたものだけテストする

すると、覚えるまでの時間はグループ間でさほどの差がありま

せんでした。しかし、1週間後に再度同じテストをしてみたところ、①と③のグループの成績がよかったそうです（池谷裕二『受験脳の作り方』新潮文庫）。つまり、**いくつ覚えなおしたかよりも、いくつテストをしたかが、記憶に影響を与えているということがわかったのです。**

　現在の脳科学では、人間は記憶を忘れたり覚えられなくなったりしているのではなく、想起できなくなっているという考え方をします。

　これを防ぐためには、3章で述べたように、折に触れてアウトプットすることが大事です。テスト型の復習だと、回答することでアウトプットも伴うので、非常に効果があります。

　ホテルマンの人たちが宿泊客の名前を呼ぶようにしているのは、宿泊客に対して敬意を払うと同時に、名前を間違える非礼をしないよう、名前を声に出すことで忘れないようにしているのです。

　3章で記憶を保つためのタイミングの話を書きましたが、本当に強く覚えたいものは、あまり間隔を空けずに、四六時中復習するということが実はもっとも効果的な方法なのです。

　テスト型勉強法は、自分でテストを作るなどの方法で、実際に試験がないものにも応用することができます。是非試してみてください。

具体的行動
　覚えたいことはテキストやノートを見返すよりも、テストを繰り返す方が、どこが苦手なのかはっきり自分でわかるようになるので効果的である。

スランプになったら、「守り」の勉強が大切

　勉強をしていると、本当に自分にできるのかと、不安になることがあります。

　勉強しても覚えられない、一生懸命やっているのにちっとも成績が上がらない…など、いわゆる「スランプ」に陥った経験をしたことがあるという人が多いのではないでしょうか。自分を信じられなくなりがちな、苦しい時期だと思います。

　そんなときには、無理をして新しい知識を取り入れようとせず、**「できることをする」**というのが鉄則です。

　スランプの時期には、無理をして覚えようとしてもなかなか効果が得られず、かえって自信を無くしてしまうことにつながりかねないのです。

　では、具体的にどうすればいいか、ということですが、新しい勉強をするのではなくて、これまでやってきたことを復習するというのが大事です。

　「攻め」ではなく、「守り」の勉強をするのです。**復習をするうちに、基礎が固まってきて、スランプの原因になっていた不安材料が解消されるかもしれません。そうしていくうちに、徐々に気**

持ちも落ち着いてくると思います。

　また、気分が乗らないときは自分の欠点が目につきやすいので、復習すると自分の穴を見つけやすいようです。ここで穴があったと落ち込むのではなく、穴を見つけることで克服できてよかったと思うように心がけましょう。

　そして、スランプに陥ったときは、苦手なテーマをやろうとするのではなく、得意なテーマを勉強するようにしましょう。得意科目で「できる」という実感が得られると、自信を取り戻せる可能性が高くなってくるのです。

　スランプの原因として、肉体的に疲れている可能性もあるので、体力の回復も重要です。

　食事面では肉や魚、大豆や乳製品など、タンパク質を多く含む食品を摂ることを意識しましょう。そうすることで脳内の神経伝達物質であるセロトニンの量を増やすこともできます。あわせて日光を浴びることも効果があります。

　寝不足だと思うときは、**思い切って休むのもいいでしょう**。睡眠不足が心身の不調をもたらしている可能性もありますので、できることから改善していきましょう。

　それでも改善しない場合、本当にうつ病の可能性も否定できません。そういうときは迷わずに専門医の受診をしましょう。

　具体的行動

　調子がどうしても乗らないときは、復習をするか、それでもだめなら思い切って休もう。

目の前の勉強に集中すると、不満や不安を忘れられる

　勉強をしているなかでぶち当たるこうしたメンタルの不調を防ぐためには、ものの見方や考え方を変えていくことが大切です。

　メンタルの不調を招きやすい考え方の代表的なものに、「**かくあるべし**」**思考**と呼ばれるものがありますが、白か黒か、敵か味方か、はっきり分けないと気が済まない二分割思考に、完全主義や理想主義があわさったようなものです。

　たとえば、「東大に受からなければ意味がない」と思っているような人や、自分の味方だと思っていた友人が、ちょっと自分の意見に反する批判をしただけで、もう敵になってしまったと考えるような人、ちょっとうまくいかないことがあると「もうだめだ」と思ってしまい、多少改善されたくらいでは「まだまだ」と思っているような人が危ういと思います。

　つまり、「かくあるべし」という理想が高すぎて、それ以外は受け入れられなくなり、理想とのギャップに苦しくなってしまうのです。

　こういう状態に対して、精神医学の森田療法というアプローチでは、不安や悩みがあることは変わりようがないのだから、とに

かく目の前のことに集中させてみたり、別のことを考えさせたり
します。とにかく目の前のことに打ち込んでいるうちにそれがう
まくいってきて気が紛れてくる、ということです。あるいは、
**こっちがダメでも、別の道があるという考え方をすると、大分気
が楽になります。**

　具体的には、東大入試に失敗して他の大学に行くことになった
学生に、とにかくロースクール向けの勉強をしたらどうだろうと
いってみると、案外勉強の調子がのってきて、大学名のことはど
うでもよくなり、目の前の勉強を頑張ろうと思ったりするような
ことがあります。

　嫌なこと、思い通りにならないことはあっても、直接的にそれ
を解決しようとするのではなく、別のことをやっているうちに気
がそれてくるということはよくあることです。

　不安なことが悪いのではなく、不安になってしまうのは当たり
前だから、不安なりに何かをやってみようと思う方がよいので
す。人を羨めばきりがないですが、そうするよりも自分に今でき
ることを精一杯やっているうちに、気がついたらその人との距離
が気にならなくなるばかりか、いつの間にか追い抜いているとい
うこともあるのです。

具体的行動

　嫌なことを忘れるためには、目の前の作業に没頭すると効果的なこ
とが多い。

過去問を解くと、
傾向と対策が見えてくる

　勉強の成果として、もっともわかりやすいのは資格の取得です。数多くの資格があり、その難易度はさまざまですが、その資格を知らない人、持っていない人からすると持っている方が知識を持っているように見えることは間違いありません。

　少なくとも、転職活動をするときに履歴書に記載すると、話の糸口にはなりますし、それが採用に直結するかもしれません。

　何か資格を取得するとして、取得する資格が決まれば、次は勉強をしなければなりません。

　資格の取得には、大きく分けて2種類あります。学校に通って単位を取得すればかなりの確率で資格を得られるものと、講習を受けたり、資格試験に合格したりすれば得られるものとがあります。

　前者は医師、看護師、作業療法士などがそれにあたり、後者は宅地建物取引主任者や公認会計士、税理士などが該当します。

　とくに後者の場合、資格試験に合格するための勉強が必要になりますが、原則として、**可能な限り過去問を入手すべきです。**過去問を解いてみると、どこができてどこができなかったかがわかりますので、そこから勉強方針を立てていくことができます。

　自動車の運転免許を取得した人ならおわかりでしょうが、分厚い法令集を読むより、対策用の問題集を一冊やる方が、合格においては圧倒的に意味を持ちます。

　資格によって難易度は異なるため、最初に過去問をやろうとしてもまったく歯が立たないものもあります。そういうものであっても、当該学問分野を完全にマスターする必要はありませんし、過去問を解いてみて解説を読むだけで、どういう知識が必要なのかだけでもイメージできれば学ぶときの方針になります。

　場合によっては、過去問を何年分か解いて、その解答を覚えていくだけで合格点がとれてしまうものもあります。理屈はシンプルで、AO入試や入社試験などと異なり、資格試験の多くは独自性などを求めておらず、資格に必要な知識と技能を有しているかどうかが大事だからです。

　求める知識が決まっている場合、過去問から求める知識を探ることができるわけなので、それをもとに勉強することが何よりの近道なのです。

　また、試験本番での時間配分を考えるためにも、模試がある場合は必ず受験するようにしてください。

具体的行動

　受験する資格試験が決まったら、過去問を解いて求められている能力・知識を把握しておくと勉強を進めやすい。

受験仲間を見つけると、孤独感を和らげられる

　資格の難易度はさまざまだという話を前の節で解説しましたが、難易度の高い資格の場合、予備校に通うことができるのであれば通った方がよいでしょう。

　アメリカに留学したときに痛感しましたが、人に教えてもらう方が自分で学ぶよりも大分楽なのが正直なところです。「餅は、餅屋」とはよくいったもので、新しい分野の学習は、それがよくわかっている人に聞くのが一番の近道なのです。

　こういった予備校は、過去問から自らやるべきことを分析しなくても、過去問の分析に基づいてカリキュラムが組まれています。

　また、講師はたいていの場合、その資格の合格者なので、合格者の生の声を聞くことができるのです。生の言葉で解説してもらえるため、参考書よりわかりやすいですし、わからないことを聞くこともできます。

　そして、予備校に通うことの馬鹿にできないメリットは、受験仲間ができることです。同じ目的を持った仲間が集まっているので意欲も高いですし、そういう友達を持つことは、情報収集に

も、精神的な支え合いにも、かなり有用だと思います。一人よりも二人以上の方が、動機も持続しやすいですし、情報の入る窓口も広がります。また、不安なときにサポートしあえるのです。

　思春期の受験生の頃よりは精神的には強くなっているかもしれませんが、**受験というのは仲間がいる方が、確実に有利にことが運びます。**

　入試の難易度では同じような高校であっても、出口で有名大学の合格者数に大きな差が開いているということがよくありますが、実績を伸ばした学校では、高い目標を持った生徒が多く、皆で励まし合いながら勉強しているのだと思います。

　そうした予備校に通わない場合でも、可能な限り、先に合格した先輩や、勉強仲間を探した方がよいでしょう。

　とくに、短い期間の勉強で合格した先輩を探すのがポイントです。短期間で合格できた人は、頭のいい人と思われがちですが、そういう人こそ、受験のノウハウをつかんでいる人なのです。何が重要で、何が無駄かをわかっているので、それを教えてもらうようにしましょう。

　学生時代の仲間や職場の同僚にそういう人がいる場合は、話を聞くのもよいと思います。とにかく、勉強のことを話せる人を見つけることが合格への大きな近道なのです。

具体的行動
　勉強生活を楽しむために、勉強仲間を見つけるか、誰かを巻き込んで一緒に勉強しよう。

解答を理解して覚えれば、自力で解けるようになる

　記憶の想起のところでも説明したように、アウトプットが増えれば記憶も定着してきます。過去問を解くことで傾向を知ることができて対策を立てられるということもあり、勉強は問題集を使って行うことが効果的だといえるでしょう。

　資格試験の勉強などであれば、問題集を解くことは必須です。問題集はレベルにあわせて各種揃っているでしょうし、過去問を集めた書籍も多数販売されています。

　試験は満点を取らなければいけないというものではなく、合格点をとればいいので、そのレベルまで力をつければいいのです。たとえば正答率6割以上で合格とされている試験で、自分は今の段階で何割とれるのかということが明確にわかりますので、合格するにはどのくらい勉強すればいいかということもわかるのです。

　入門書の選び方はここまでに何度か説明している通りですが、資格の場合は過去問をまず解いてみてから買う方がよいでしょう。自分のレベルを知る必要があるからです。

　問題集を選ぶ上でのポイントも、自分のレベルにあったものを選ぶということです。当たり前のことをいっているようですが、では、自分のレベルにあったテキストってどう選べばいいのでしょう？　これにはコツがあります。自力で大体解けそうな問題集をわざわざやる意味はありません。簡単すぎるのです。しかし、問題を解けないだけでなく、答えと解説を読んでも理解できないのだとしたら、それはレベルが高すぎるのです。

　ベストなのは、**自力で解けないものの、答えを読めばわかるというレベルの問題集です**。つまり、私が常々主張しているように、解答を理解して暗記すれば、効率的に勉強することができるというメソッドが通じるその本が、もっとも役立つレベルだということです。

　そうして解答パターンを覚えたうえでもう少し難しい問題集をやってみると今度はどうでしょう、以前できなかった問題もできるようになっているかもしれません。そうした意識で、最適な問題集を選ぶようにしてください。

具体的行動
　問題集は、自力では解けないけれども答えを読めば理解できるレベルのものを選ぼう。

読み書き能力を伸ばせば、重宝されるようになる

さて、これからの時代、英語を学ぶ意味はどこにあるのでしょうか？ インターネットの普及によってメールで海外とやりとりができるようになり、英文を書ければ話すのが得意でなくても何とかなるようになってきました。

さらにいうと、自動翻訳の精度は日々高まっていますので、英文を書けなくても日本語が書ければ何とかなるのではないか、という声も出てきそうです。

これについては、ある程度の部分、そういう側面があるでしょう。自動翻訳が100％正確なレベルにまで達するのは難しいと思いますが（そもそも人間のコミュニケーションだって完璧はありえないのですから）、業務のかなりの部分は英語ができなくても何とかなるといえるのかもしれません。

そういう時代であっても、いえ、そういう時代だからこそ、英語はできた方がよいと思います。話して聞くのは私も苦手で、留学をしたものの今でも十分にはできません。**しかし、読み書きができるだけで、可能性が大きく広がります。**

たとえば英文を読むスピードが速くなると、いちいち翻訳して

日本語に訳したものを読むより、原文で読んだ方が早いということがあるのです。

　実際、洋書の翻訳を読もうとすると、とくに専門書などは、読むのが辛いものが多いです。難しい上に、分量が原著より大分多くなってしまっているので、読み切るのに時間がかかるのです。

　それであれば、こういう本は原著で読んだ方が早くて楽しく読めることもあるのです。英語の論文や記事についても同様です。

　つまり、情報へのアクセスの速さが求められる時代になると、英語でスピーディに情報を入手できて、大枠をつかむことができる人が有利になるのです。

　ぜひ、英文を読み込むトレーニングを重ねるようにしましょう。好きなテーマを選ぶと頭に入りやすいはずです。

　さらにいうと、日本人は読むこと以上に書くことが苦手です。これも、日本語を自動翻訳で英語にしただけだと、ネイティブからすると違和感のある表現が多いのです。

　海外と交渉をするときに不慣れな表現で伝えるより、スマートにまとめることで有利に進めたいと思うビジネスパーソンは多いでしょう。そういうこともあり、とくに読み書きのスキルは今後も長く求められていくはずです。

　無論、会話もできるにこしたことはありません。それらの勉強方法は次節以降で紹介していきたいと思います。

具体的行動

　英語はこれからの時代も必須。まずは好きなテーマで英文を読み込むトレーニングをしよう。

フレーズをメモすると、自分のものにできる

　英語力を高めるためには、やはり英語に触れる機会を増やすことが効果的です。

　とくに、読み書きを鍛えようと思うと、まずはたくさんの英文を読み込むことが大事でしょう。何を読むかは自由です。興味のあるジャンル、仕事に関する領域、ニュースなど、自分にとって読みやすいものを選んでみるとよいでしょう。

　基礎的な知識がある分野であれば、英文は格段に読みやすくなるのです。たとえば、映画好きの人なら、英語の映画雑誌を読んでも、ある程度内容に見当がつけられるでしょうし、野球好きの人がスポーツ雑誌を読んでもそうだと思います。

　しかし、これが重要なポイントですが、**英単語を知らないで、前後の文脈から意味を類推して読んだ箇所はそのままにせず、あとで辞書を確認してください。**

　ここで、類推と意味が近ければ文意の把握力を喜んでいいですし、印象にも残りやすいと思います。間違っていても、そういう意味だったのかともう一回全体を見渡してみると、正しく読めるようになり、すっきりするはずです。さらに英和、英英の両方で意味を確認すると、知識はより深まります。

　もう一つ重要なポイントとしては、**面白いと感じた文章やフレーズは、必ずメモして覚える努力をしてください。** これができれば確実に英語力は上がります。

　考えてみれば当然のことですが、面白いと思ったところは、言い回しが洗練されていたり、メッセージを伝える力が強かったりするところです。これを覚えてしまえば、自分が表現するときにも活用できますので、書く力にも繋がるのです。

　これは、会話にも役立ちます。ネイティブでない以上、英語を話すためには、一度いいたいことを日本語で考えて、それを英語に訳して言葉にしているのではないでしょうか。そうすると、英会話には和文英訳の力が求められているということになります。とくに、ビジネスで必要なレベルの会話になるとなおさらでしょう。

　そのためには、自分のビジネスに必要なジャンルの英文には日頃から目を通しておいたほうがよいことは当然ですし、頻出単語や頻出フレーズを知っておくことで対応できることがかなり増えるはずです。

具体的行動

　好きなテーマや仕事に関係のある英文を読み、気になったフレーズをメモして覚えるようにしよう。

ネイティブの友達を作ると、一気に英語力は高まる

　私が英会話の流暢さよりも読み書きが大事だという背景には、中身のある会話が歓迎されるということもあります。

　仮にあなたが逆の立場だとして、つまり外国人に日本語で話しかけられて、流暢に話すけど会話の中身のない人と、会話はたどたどしいけど重要なことを話す人、どちらと話したいでしょうか？　もちろん大事なことを流暢に話せればそれが一番ですが、優先順位としては大事なことを英文で表現できるということになります。

　最近、電話が相手の時間を奪うということもあってメールでのコミュニケーションが中心になってきていますが、その流れともマッチしているのです。

　ともあれ、英語を書く力が求められていることは間違いありませんが、これを飛躍させるための方法として効果があるのは、**ネイティブの友人を作ってチェックしてもらうことです**。

　私も留学中、論文を読み込むトレーニングを受けていたので読むほうのスキルには自信がついてきましたが、書くほうで伸び悩んでいました。ただ書くだけで、暖簾に腕推しという感じがして

いたのです。

　しかし、英語の論文を書く際にエディターと呼ばれる人を紹介されて、英語論文の書き方についてアドバイスをもらい、文章作成の自信がついてきました。文法やいいまわしだけでなく、論文としての説得性などに踏み込んで教えてくれたのです。

　職場や学校などにネイティブの人がいればベストですが、そうでなければ、友人に紹介してもらったり、SNSなどで「英文の書き方を教えてくれる人を探しています。代わりに日本語をお教えします」などと投稿したりするのも悪くありません。

　電子メールでやり取りするだけでもトレーニングになりますし、実際に話をするなかで会話のスキルも向上してくるはずです。ただし、英語のネイティブであってもライティングが苦手な人もいますので、添削をお願いする前に学歴などは確認した方が無難です。

　とにかく英語の上達法は、「聞けない、しゃべれない」コンプレックスから抜け出して、まずは「読める、書ける」を徹底させることです。

　アメリカは日本のように識字率が高くないため、英語の読み書きをできるというだけでも知的レベルを評価してもらえる可能性もあります。安心して相談に乗ってもらえるネイティブの人がいれば、英語の能力は飛躍的に高まっていくでしょう。

【具体的行動】
　ネイティブの人に、英作文を添削してもらい、メールや会話でアドバイスをもらうようにしよう。

古典の知識を身につけると、海外では評価が上がる

　英語術のところで書きましたが、これからの時代は英語が話せることよりも、読める、書けることの方が価値をもってくると考えています。

　コミュニケーションの手段として文字が復活してきているということと、文字が読み書きできるということは一定の教養として評価されるということも大きいのです。

　また、日本人は勘違いしていることが多いですが、**くだけた英語を話せるよりも、堅くてもしっかり文法に則った英語を話せた方が、知的水準が高いと思われます。**

　くだけた英語を話していると、日本人としては歩み寄ったつもりでも、軽く見られてしまうのです。それであれば、真面目すぎると思われても、しっかりした文章で話した方が重要な交渉などでは有利に働くはずです。

　いつまでも日本語の敬語のような形で話をしていると、向こうから「そろそろもっと親しみを持ってくれてもいいんじゃないか？」といってくることもありますが、そうなるまでは、知性を感じさせることが大事です。

　つまり、外国、とくに欧米では、知的水準が高く見えるということが、日本よりもはるかにポジティブな意味を持つのです。

　芸能人の物真似や宴会芸ができることよりも、シェイクスピアの戯曲について語ることができたり、カントやゲーテについて語ることができたりすることの方が、はるかに重要です。

　東洋でいうと論語や漢詩ということになるのでしょうが、自分たちの文化の背景について知ってくれているというだけで、インテリ層との距離が縮むのです。あわせて日本の文化についても語ることができると、尚のこと尊敬を得ることができるでしょう。

　日本で「デカンショ（デカルト、カント、ショーペンハウエル）」というと、かつての権威主義の遺物のように思われるかもしれませんが、こうした教養を持つことは世界では非常に高く評価されていたのです。

　旧制高校の出身者が世界で活躍できたのは、その語学力もさることながら、教養の量と質が圧倒的に優れていたことがあるように思えてなりません。こうした教養は過去の遺物ではなく、人類の遺産だと考えて身につけておきましょう。

　幸いなことに、名作の有名な台詞を検索サイトに入力するとすぐに英訳が出てきますので、それでフレーズを覚えるというのも有益です。

具体的行動

　海外では知的水準が高いと思われるとそれだけで仕事がやりやすくなる。海外の有名な作品のストーリーを勉強し、名台詞の英訳を調べてみよう。

歴史の見方にこだわると、視野が狭くなってしまう

　実は私は小説を読むのがあまり好きではありませんでした。子どもの頃、一番成績が悪かったのが国語で、どうしても心情読解ができなかったのです。

　それでも、精神科医になり、少しは人の気持ちもわかるようになってきたということや、映画を撮るためにストーリーの材料を探すために小説を読むようになり、以前よりは大分読むようになったと思います。

　前の節でも述べたように、**教養として名作や古典のストーリーや名シーンを知っておくと話題も増えますし、プレゼンテーションなどに活用することもできるでしょう。**

　昨今は名作を簡単にまとめたマンガなども出ていますので、楽しく簡単に名作に触れることができます。

　歴史を学ぶことが好きな人も多いと思います。飲み会の話のタネを増やすことが目的であれば、面白いエピソードに注目して勉強しましょう。そういう話を集めた文庫なども多数出ています。

　趣味で学ぶ場合は、もう少ししっかりした入門書などを読んでみてもいいでしょう。また、時代小説が好きな人も多く、英雄物

が好きな人もいれば市井の人の暮らしを読むのが好きな人もいます。**歴史はいろいろな角度から見ることができるので、見方の違いを楽しめるようになると上級者だと思います。**

また、歴史上のさまざまな失敗を学ぶと、将来の失敗に備えることもできます。なぜそういうことになったのか、問いを持って歴史に接するとよいでしょう。

ただ、歴史を語るということは、思想信条に関わるテーマでもあり、実は非常に難しいのです（それを知った上で話すことで、相手との距離を縮めるというテクニックもあります）。そのため、会合などで自分の価値観を一方的に語ってしまうと、話を聞く相手が不快感を覚えるケースがあります。

語るのであれば、①自分の見方が絶対ではないということを示す、②自分とは違う見方や考え方も積極的に学ぼうとしている姿勢を示す、③相手との違いではなく、共通しているところを見つけ、それに対して共感を示す、などに配慮しましょう。

せっかく学ぶのであれば、自分の価値観に凝り固まるのではなく、視野を広げるために学ぶという姿勢を持ち続けるが大事だと思います。

具体的行動

歴史や文学については、一つの見方にこだわらないようにしよう。いくつもの見方を用意しておくと、共感を得やすくなる。そして語り方も練習しておこう。

心理学を学ぶと、仕事に役立つ知識を得られる

　日本では長く、心理学を学ぶということの評価があまり高くなかったような気がします。多くの大学で心理学は文学部の1専攻であること、そもそも文学部が就職活動で不利だといわれ続けてきたこと、就職に時間がかかり、公務員が主だというところがその理由なのかもしれません。

　実は広告会社などで心理統計をできる人は常に需要があったのですが、大学入試の段階ではそこまで気づかず、心理に興味があっても一般教養で社会心理学を学ぶというところが関の山だったように思います。

　その流れが大きく変わってきたのは、行動経済学のように、心理学が他の学問分野に影響を与え始めたことが大きいかもしれません（実は経営学にもとても重要な影響を与えてきています）。

　また、一般的なところでは、アドラー心理学が一気に話題になったことが大きく、仕事や学びの中で心理学を活かそうという動きがようやく日本でも広まってきたような気がします。

　アメリカでは、心理学を学んだ人には一定の敬意が払われています。それは心理学に精通している人＝相手の心理を読める人と

思われているからであり、交渉事が多い文化的土壌もあるため、なめられることがないのです。

そもそもアメリカのエリートは、自らのパフォーマンスを維持するために精神科医に相談するということが普通の行為です。アメリカの場合はエリートが高額の医療費をはたいて競争に勝ち抜いた精神分析医にかかるという形ですが、イギリスの場合も総合診療医からの紹介で精神分析を受けることは珍しくないのです。

日本では、まだこういったレベルには達しておらず、心理学を役立てようという意識はまだ欧米に比べると低いところだと思います。しかし、**ビジネス心理を交渉に活かそうとか、チームのマネジメントに活かそうという人も増えてきています**し、とくに人事担当者には心理学のある程度の知識が求められる時代になってきていると思います。

あるいはプレゼンテーションなどでも心理学が活きる場面は増えてきています。私がやっているからというだけでなく、今後学ぶと得をするテーマだといえそうです。私の本だけでなく、色々な入門書が出ていますので、是非合うと思う本を探してみてください。

具体的行動

心理学は仕事でも活用することができる。自分の興味関心に近い心理学の入門書を探して読んでみよう。

趣味を学ぶと、
老化防止に役立つ

　私はワインを趣味にしています。『世界のビジネスエリートが身につける　教養としてのワイン』（渡辺順子著、ダイヤモンド社）がベストセラーになりましたが、**趣味を通じて広がる人脈というものも馬鹿にできません**。私の場合、ワインの勉強が交友関係を広げるのに一役買ってくれているのです。

　多くの人が関心を持つテーマの場合、いくつものコミュニティができますので、そこに入ることで趣味についての情報も得やすくなります。ワインに詳しい人をも唸らせたい一心で、熱心に勉強することもあって、お互いにとってよい刺激になるのです。

　さらにはネットワークもできますので仕事に思わぬ形で生きてきたりもするのです。やはり、趣味を学ぶのであれば、一人で勉強するのではなく皆で学んだ方がよいような気がします。

　とくに、昨今SNSが普及して趣味のグループも多数できていることもあり、趣味を通じて集まることが容易になっていることもこの流れを後押ししそうです。

　また、趣味を持つことで人脈ができるというだけでなく、老化の防止にも役立つのです。

　日常の仕事に慣れて大体がルーティンワークになってくると、刺激が乏しくなり、前頭葉をあまり使わなくなります。そうなってくると感情の老化が進みやすくなり、歳を取ってから認知症に近づきます。とくに、40代以降のビジネスパーソンは意識的に趣味を持つようにしましょう。

　社外の人間関係がないと刺激が乏しくなりますし、会社を定年で退職すると、社外のコミュニティがない人は一気に老け込んでしまいます（とくに男性にその傾向が強いです）。

　さらに、こうしたビジネスパーソンは公的なデイサービスなどを嫌がる傾向があり、趣味のサークルなどに参加していないと脳を使わない傾向にあるようです。とくに会社で出世街道を歩んでいたタイプは、周囲に混ざって趣味の何かをやるということを軽く見る傾向にあり、これがまた老化を早めるのです。

　そうならないように、**日常の中に色々な変化を入れ込んで、意図的に予想外の出来事を増やすようにしましょう。**そのためには趣味が一番の近道のように思います。

具体的行動

　趣味を持つか、社外のコミュニティを持つかして、仕事以外の刺激を増やすようにしよう。

明るい場所で勉強した方が、成果を上げやすい

　最近、リビング学習が話題になっています。東大生の多くが受験生時代にリビングで勉強していたということで注目されるようになったのですが、なぜリビングで勉強するとはかどるのでしょうか？

　まず、リビングは家の中でも日当たりがよかったり照明が多かったりと比較的明るい場所であることが多く、神経伝達物質であるセロトニンが分泌されて不安感が抑えられたり、気分が前向きになりやすいということがあったりするのではないかと思われます。

　明るすぎると眩しいですが、暗い部屋で仕事をしていると気持ちも沈みがちですので、**日当たりや照明は重要なポイント**だと思います。

　また、親や家族の目があると怠けられないというプレッシャーにもなります。自室で勉強すると、ついパソコンやスマホをいじってしまい、誘惑が多いのですが、リビングならばそれを避けることができます。

　さらに、時々は立ち上がって歩いた方が身体にもいいので、リビングの方がそうした動きをしやすいともいえるでしょう。

　最近はコワーキングスペースで仕事や勉強をしているビジネスパーソンも増えましたが、ほどほど雑音がありつつも明るい空間で時々歩けるということがよいのかもしれません。

　また、ずっと同じ場所で勉強や仕事をしていると、飽きてきて効率が下がりやすいものです。やはり、適度に変化が必要なのだと思います。煮詰まってきていると感じたら、リビングに移動したり、カフェに行って仕事をしたりしてみるのもいいでしょう。お風呂やベランダ、トイレで暗記物の勉強をするという手もあります。資格試験で予備校に通っている場合、予備校の自習室を利用するのもよいでしょう。

　大切なことは、自分にとってもっと勉強がはかどる場所を見つけるということです。広い場所がいいのか狭い場所がいいのか、日当たりはどうか、人が多すぎないかなど、ここなら勉強しやすいと思える場所を探してみることをお勧めします。できればいくつかそういう場所を見つけておくと、気分転換にもなります。

　家の外に出て勉強すると、家の中にいるとつい手を出してしまう雑務や娯楽を遮断できるという効用もあるのです。意図的に勉強だけに追い込む環境を作ることも大切だといえるでしょう。

具体的行動

　勉強がはかどる場所をいくつか見つけておいて、誘惑を断って勉強に専念するようにしよう。

第6章

実践！ アウトプット術

アウトプットしてみると、どれだけ理解できたかわかる

　インプットができたら、次はアウトプットです。とくに大人の勉強の場合、アウトプットがあってこそのインプットだということを意識する必要があります。

　時間に限りがあるということも大きいのですが、大人になるとアウトプットの量が勉強の成果だと思われることも多いですし、成果が出ないことにはどうしてもやりがいを感じにくいと思います。

　また、別の角度から見てみると、**どれだけアウトプットできるかによって、インプットしたことをどれだけ正確に理解しているかを測ることもできます。**

　さらには、アウトプットしたことの方が、記憶にも定着しやすいのです。手で書いたり、人に聞いてもらったりしたことの方が、繰り返し記憶を想起させるということです。

　さらにいうと、いつかアウトプットしなければならないということを意識してインプットをすると、インプットの質自体が変わってきます。

　これは、覚える事柄が単独で存在しているということではな

く、他の事柄とどう関連しているのかを考えなければならないからです。

　つまり、「新規企画が売れると思う背景にある社会情勢を説明してみろ」といわれたときに、ターゲットがどうしてそれを買うのか、理解が不十分だと、言葉につまってしまいます。

　この場合、どういう言葉で表現すると的確に伝わるのか考えなければなりませんし、そのためには他のいろいろな事柄との関係性を含めて正確に理解しなければなりません。

　アウトプットを意識して勉強するようになると、この辺があやふやになりやすいのではないか、などと重要なポイントに自然と意識が向かうようになります。

　そういう意識がないと、ただ受け身の姿勢で情報を得るだけになってしまい、せっかくインプットした情報がうまくつながらず、使えないまま消えてしまうことになりかねません。情報の「加工力」を身につけるためにも、アウトプットは常に意識するようにしましょう。

具体的行動

　勉強するときは、どういう形でこれをアウトプットできるか意識するようにしよう。試験対策ならば、どういう形で問われるのか知るために過去問を解こう。

トレーニングをしないと、アウトプットは上達しない

　記憶の最終段階が出力段階である想起だという話をしました。うまく入力して、復習によって貯蔵された記憶も、出力段階がうまくいかなれば試験でもいい成績はとれませんし、プレゼンテーションでも高く評価されることはありません。

　なぜ、うまくいかないのでしょう？　私が思うに、**日本人はアウトプットのトレーニングが圧倒的に不足しています**。たとえば受験勉強の場合もそうですが、問題集を使ったトレーニングをする学生は本当に少ないのです。なぜでしょう？　できないということが怖いのでしょうか？　考え方を変えるべきであって、最初はできないのが当たり前で、どうすればできるようになるかを逆算していくべきなのです。

　そのためには、どういうことを問われるのか知ることが大事であって、そうすれば覚えるべき項目も絞られますし、何が要点かもわかるのです。

　大人の勉強の場合、求められている答えを出すためのアウトプット・トレーニングが重要な位置を占めることがとくに多くなります。

　資格試験にしても、プレゼンテーションにしても、学ぶべき事柄を覚えただけでは意味がありません。それを使える形で出力しなければならないのです。

　アウトプット・トレーニングで大事なことは、**覚えたことを実際に問われる状況で使うということになります。**

　正しい文章をまるごと覚えてしまうとか、選択肢の組み合わせで正しいものと間違っているものを覚えておくとかの方法がありますが、要は問題集を覚えたかどうかの確認に使うのではなく、記憶するということそれ自体のために使うことが大切だといえるでしょう。参考書を読むだけ、セミナーを受講するといった形の記憶では、アウトプットの際に十分に力を発揮できないことが多いのです。

　プレゼンテーションの場合も同様で、覚えた内容を用いて実際にプレゼンテーションを行わないと、せっかく覚えたことでもうまく使えずに、単なる知識の披露のような形になってしまうことも多いのです。

　せっかくの機会を魅力的に見せるためにも、アウトプットの練習を少しでも増やすようにしましょう。それだけでも大きく違ってくるはずです。

　　具体的行動

　勉強する以上、成果は十分に発揮したい。受験勉強でもプレゼンの準備でも、アウトプットの練習を怠らないようにしよう。

アウトプットし続けると、情報を得やすくなる

　日本人は勤勉だと長くいわれ続けてきました。そのこと自体はとてもいいことだと思うのですが、一方で受け身の姿勢も目立つような気がします。

　人から話を聞くだけで満足してしまうのです。やはり、それでは効果が手薄になってしまいますし、知識を自分のものにはできません。

　資格試験や受験勉強でもアウトプットのために問題集を重視すべきだという話をしてきましたが、それ以外の勉強の場合はどうでしょう？　自分なりの思想を持つための勉強とか、独自の視点を持つための勉強とか、将来を予測するための勉強とかも、出口を意識しないとせっかく勉強しても知識が活かせず、風化してしまうのです。

　では、勉強してアウトプットすることで得られるメリットとは何なのでしょうか。私は大きく分けて3つあると考えています。

　第一に、**アウトプットすることによって、社会で一定の居場所を確保することができます**。要は、知識を発信し続けることで、物知りだというイメージを持たせることが可能になるということ

です。

たとえば飲み屋で、朝テレビでいっていた話をしてみると、「それって、今朝テレビでやってたやつじゃないか」と冷笑されるかもしれません。しかし、仕入れた知識を人に話すことを10年続けると、「あの人は物知りだ」ということになるのです（嫌味に思われないようにする必要もあるのですが）。

第二に、**アウトプットすることで、記憶が定着するのです**。何度も説明しているように、試験勉強などでは問題集を解きながら覚えていくことが効果的です。

さらに、覚えたてのことを実際に口に出したり、文章に引用したりして「使う」ことでそれが反復練習の復習となって、記憶が定着してくるのです。アウトプットが、記憶そのもののトレーニングになるのです。

そして第三に、**アウトプットが情報収集の機会になるということ**があります。たとえば、同窓会の会報に、今の仕事の専門分野についてのテーマで寄稿するよう依頼されたとしましょう。いくら知っていることとはいえ、きちんとした文章にするとなると、関連したデータを集めるなど、さまざまな情報を集めなければなりません。そしてまとめるうちに、知識が整理されてくるのです。

また、発表することで、レスポンスも得られるので情報が集まりやすくなります。是非、このサイクルを作りましょう。

具体的行動

知識を増やしてアウトプットすることも大事だが、発想を換えてアウトプットで知識を増やすことを意識して勉強するようにしていこう。

アウトプットし続けると、トークに慣れてくる

　前の節で、朝のテレビで知った話の受け売りでもいいから人に話した方がいいということをお伝えしました。これは、アウトプットの訓練をする上で、実に有効な手段です。誰かが話していたことを、まるで自分のことのように話すのです。知識の受け売りをしてしまいましょう。

　「それではオリジナリティがないのでは？」と思われるかもしれません。しかし、上手な人の真似をすることは有益なトレーニングです。そもそも、完全なオリジナリティというものが存在するのかも疑問ですし、どういう話を選ぶのかということをとってみても、実はそこに主観が入っていたりもします。

　ですので、ニュースの解説番組などを見たら、内容を要約して周囲の人に話してみましょう。

　受け売りすることを前提に情報をインプットしていると、情報を整理して記憶しようとするようになるのです。そのため、インプットの効率が格段に上がります。

　そして、受け売りしたことについて質問されると、さらに調べたりしますから、より勉強が深まります。受け売りであることを指摘されるとちょっと恥ずかしい気持ちになるかもしれません

が、めげてはいけません。**継続しているうちに、知識が自分のものになってくるのです。**

とにかく受け売りの場数を踏むことが大切です。これを続けていると、嫌でも自分なりのトークの「型」ができてくるのです。

トーク力に自信がついてきたら、次は自分の視点でものをいう段階です。アウトプットに価値を持たせるためには、やはり視点の差別化が必要になってくるのです。

しかし、人と違うことをいうためには、結構勇気がいります。周囲の人から浮いてしまわないか、無視されたらどうしよう、などと考えてしまうことでしょう。

反感をもたれないように予想される反論を先にいっておくとか、よくある見方にも一定の理があることを名言した上で自分の主張をするとか、早口になりすぎないようにするとか、配慮のテクニックはいろいろあります。

その上で、**発言する以上、否定されても気にしない強さを持つことも大事だと思います。**発言を否定されると人格を否定された気がしてしまいますが、そうではなく意見だけの否定だと意識して、発信を続けるとよいでしょう。

ただ、自分の考え方が偏ってしまっている可能性もありますので、常に自分にも疑いを持つという気持ちは忘れずに持っていてください。

■ 具体的行動

知識を手に入れたら、受け売りでいいから発信し続けよう。続けるうちに、知識は自分のものになる。

易しい問題から解くと、落ち着くことができる

　ここでは、資格試験の本番で、どうやって最大のパフォーマンスを発揮するかということを説明します。試験勉強の方法については第5章で述べましたが、学んだことを活かすための第一歩が、試験をクリアすることになります。

　まず、一般論としては、**模擬試験を受けて、試験の練習をしておくことが大事です。**時間配分はとても大事なので、その練習ができるというのが大きな意味を持ちます。

　模擬試験がなくても、試験がマーク式なのか記述式なのかということは事前にわかるのではないでしょうか。マークシートを書き写すのに時間がかかりそうであれば、解答時間を少し厳しめに見積もっておいた方がよいかもしれません。

　試験直前まで実力は付けることはできます。体調管理に気をつけつつ、気になる箇所を重点的に攻略しましょう。

　また、本番の試験ということで、緊張してしまう人が多いと思います。アガってしまうのは仕方ないことです。むしろその方が、緊張感もあって、眠気も覚めます。

　問題なのは、アガっていることでパニックに陥ってしまうこと

です。**そうならないためには、まず1つ、易しい問題を解くようにしましょう。**そうすると、時間に余裕ができるので、気持ちにも余裕ができてきます。

　易しい問題を解くためには、易しい問題がどれなのか、探さなければなりません。そのためにも、まずは全体を見渡して、おおまかな時間配分を確認するようにしましょう。

　事前に模擬試験を受けて時間配分を検討できている場合は、それとの照合になります。その上で、設問を読んでみましょう。短答型の問題ですぐに解けるものがあると、それで落ち着くことができるのではないでしょうか（ひっかけには気をつけなければなりませんが）。

　また、長い文章を読んで答えを出す問題や、リスニング問題も、先に設問を読んでおくことで、気をつけるポイントを意識することができます。

　そして、**何より大事なことは、最後の一秒まで決して諦めないことです。**

　忘れていたことを急に思い出すこともありますし、マークシートであればとにかく埋めるだけでも正解の可能性もあります。最後まで精神力を保ち、未来を切り開いて活きましょう！

具体的行動
　試験本番では、アガっても大丈夫。まず簡単な問題を見つけて解き、落ち着こう。そして、最後まで諦めずに、頑張ろう。

型を意識して書くと、
文章力は向上する

　ここからは、アウトプットする上で必須の技術である、文章の書き方について説明していきます。

　前の章でも書いたように、私は幼い頃、国語が苦手でずっと苦労していました。心情読解が苦手だったことが大きいとは思うのですが、中学入試、大学入試ともに国語で高得点を獲ることはほぼ諦めていて、大学入試では漢字の書き取りと比較的定型的な問題しか出ない漢文だけしか得点できない場合を想定して作戦を立てていました。

　しかし、今では文章がうまいといわれることはそんなに多くないものの、わかりやすいといわれることは珍しくありません。

　これは、国語ができない分、わかりやすい、論旨のはっきりした文章を書くことを心がけてきたからだと思っています。

　レトリックを駆使したり、込み入った文章を書いたりするのではなく、**型にはまった書き方で書くように意識しています**。その方が論理の整理にもなりますし、書き進めているうちにだんだんとこなれてくるのです。

　というわけで、文章を書くのが苦手だという人には、是非、型

にはまった文章を書く練習をお勧めしたいと思います。

　型というのは、以下のようなスタイルです。最初に問題提起をして、次の段落ではその問題提起に対する自分の意見を述べます。問題提起がWhat（～とは何だろうか？）の形であればその答えを書き、YES、NOを問う文章であれば、自分の立場をはっきりさせます。そしてその次の段落で、先に述べた自分の意見の補強説明を行います。最後に、それまでに述べたことをまとめて、シンプルな結論を述べるという形式です。これで800字くらいのイメージです。

　この型を意識すると、自分が表現したいことを文章にしやすくなります。すると次第に文章がこなれてきますし、何より書くのがおっくうでなくなります。

　美しい文章を目指していると、結局、文章を書くのを尻込みするようになってしまうので、まずは文章で表現するということに慣れることが先決なのです。

　もう1つポイントとして、**文章にタイトルをつけるようにしましょう**。タイトルは仮のものでいいのですが、タイトルを意識した方が、書いていくときの論旨が明確になります。

　また、最後にもう一度タイトルを検討してみると、自分の文章の論旨自体も再確認できるのです。

具体的行動

　文章を書くときは、いきなりオリジナリティを出そうとせず、まずは型を意識して流し込んでいこう。

目次を先に作ると、書くべきことが明確になる

　前の節では、短めの文章の書き方を説明しました。わかりやすい例としては、本書の1節（見開き分）くらいのイメージです。ここでは、そうした短めの文章をいくつも束ねた、もう少し長めの文章の書き方を説明します。

　学んだ知識をアウトプットするといっても、パソコンに向かったとたんにいきなり文章がすらすらと浮かんでくるということは、残念ながらあまりありません。

　そういう才能がある人もいるかと思いますが、ないからといって悲観する必要はまったくありません。

　私の場合は、**アウトプットのガイドラインとして、まずコンテづくりを行います**。コンテというのは、どんな内容を、どんな順序で書くかという見取り図のことです。いわば、文章の設計図であって、本であれば仮の目次ということになります。

　コンテを作ることによって、自分が何を主張したいのか、どういう論理展開で読者に伝えたいのか明確になります。

　文章を書くのが苦手だという人の多くは、こうした設計図をつくらずに場当たり的に文章を書こうとしているのではないでしょ

うか。それでは、書けるものも書けなくなってしまいます。

　私は、本書を執筆する際にも、まずはコンテづくりから始めました。まず大きな章の構成を考え、その中に項目が100個になるようにプロットしていきます。テーマと法則が決まれば、説明することも決まりますので、そうなると書き進められるようになります。

　しかし、それでも実際に書いてみると、随分後に同じような内容の節が出てきたり、逆に1節では説明しきれないところが出てきたりもします。

　そうした課題を見つけては微調整をするということを繰り返しながら、原稿を書き上げました（この節も当初はありませんでした）。その際、全体の構成をつい忘れてしまうので、折に触れてコンテと照らし合わせるようにしました。

　本書に限りませんが、いろいろな本の目次を見ると、その本がどんな論理構成を意識しているのかがわかります。そこには編集者と著者の意図が反映されていますので、是非論理展開を研究してみてください。

　短い文章であっても、内容のモレを防ぐためにも、コンテを作ってみることをお勧めします。

具体的行動

　長めの文章を書くときは、まずコンテを作成しよう。そうすることで完成形がイメージできる。

思い浮かんだまま書くと、主語と述語がねじれやすい

　前の2節では長めの文章を書くためのコツとして、論理展開を意識して構成することが大切だということをお伝えしてきました。ここでは、よりミクロな話になりますが、一文一文をわかりやすく書くためのテクニックをお伝えします。

　文章を書くことになれていない人がやりがちなのは、主語と述語がねじれているまま書き進めてしまうということです。頭から一気に書こうとすると、自分が何を書いているのか次第にわからなくなってきてしまうのです。

　たとえば、これを見てください。

　　　私の研究テーマは、管理職としてチーム力を高めるために、組織心理学を学んでいます。

　違和感がありますよね。この例文では、主語と述語がねじれているのです。「研究テーマは」という主語には、「組織心理学です」という述語が対応すべきですが、ここでは「学んでいます」という述語が対応しているので、違和感が生じているのです。なぜこうなってしまうかというと、頭に思い浮かんだまま文章を書

き進めてしまったためです。日本語は主語と述語が離れているので、書き慣れていないとねじれが生じやすいのかもしれません。

　最初は、丁寧すぎるくらいでもいいので、主語と述語をはっきりさせてください。

　　　私の研究テーマは、管理職としてチーム力を高めるための
　　　組織心理学です。

でもいいですし、主語と述語を明確にするために2文にするという手もあります。

　　　私の勉強テーマは、組織心理学です。管理職としてチーム
　　　力を高めるために学んでいます。

　一文を短くすると、主語と述語が近づくので、ねじれも起きにくくなります。不格好に見えても、最初のうちはとくに主語と述語を明らかにすることを意識して文章を書くようにしましょう。

　具体的行動
　文章を書くときは、読点を使いすぎない。主語と述語の関係を意識して、短い文章を書くようにしよう。

文章を借りてくると、表現力が身につく

　前項で主語と述語を明確にしようと述べましたが、最初はそれでいいものの、ずっとこれにこだわっていると素人っぽさが抜けません。

　文章を書くことに慣れてきたら、主語を省いてもよいでしょう。ただし、意味不明にならないように推敲することが大切です。

　どんなときに主語を省いても大丈夫で、どんなときによくないかは、ケースバイケースで考えるしかありません。正解はないので、読者の気持ちを想像しながら手直ししていきましょう。

　しかし、「読者の気持ち」といわれても、なかなか難しいものです。「当然これくらいわかるだろう」と思って書いていても、案外伝わらなかったりするものです。

　昨今、SNSで発信をするケースが増えてきましたが、投稿が誤解を招いてしまうと、シェアされて誤解が拡散してしまうということも起こりえます。基本的には慎重さを重視した方がよいでしょう。

　また、論理展開は問題なくなってきて、主語と述語が対応した

文章もしっかり書くことができるが、もう少しセンスのある文章を書きたいという方には、お勧めの方法があります。

それは、「**借文**」です。名前の通り、人の書いた文章を借りるというテクニックです。といっても、そのままコピペしたのでは、単なる盗作になってしまいます。

借文は、私の高校時代に、英語の先生が「**英作文は英借文だ**」と語っていたことがヒントになっています。日本人が英作文をするとき、文法に従って考えていると、苦労しがちです。それよりも、自分が表現したい内容に近い英語の文章を見つけてきて、単語を入れ替えた方が早いというわけです。

子どもが言葉を覚えるときも、文法を覚えているわけではなく、大人が話している言葉や絵本の文章を真似ているわけなので、それの応用になります。

たとえば、新聞のコラムでも、人気ブログでも、作家のエッセイでも何でもかまいません。要するに、たくさんの文章を読んで、よいと思った文章を見つければよいのです。素敵な文章との出会いが楽しみになるはずです。

そうしてお気に入りの文章と出会ったら、是非書き写してみましょう。これは昔から一般的な文章修行ですが、次第に文章のリズム感もできてくるはずです。

具体的行動

表現力を高めようと思ったら、好きな文章を見つけてきて、それをもとにして文章を書く練習しよう。

結論を先にいうと、聞き手は理解しやすくなる

　本書の最後にご紹介するのは、プレゼンテーションに必要なテクニックです。プレゼンテーションの原則も文章と同じで、型にはまったプレゼンテーションの練習を繰り返すことです。

　まず、問題提起をするかと思いますが、**ここでいきなり結論をいってしまいましょう。**

　結論の根拠を説明したら、背景情報などについて解説を加え、最初に提示した結論にたどり着くという流れになります。

　意外と簡単ですが、実際に練習をしている人は案外少ないようです。ちょっと練習してみるだけで、はるかに人への説得力が増してくるでしょう。

　文章であればわからなくなったら読み返せばいいのですが、プレゼンテーションの場合、聞く側が一度わからなくなってしまうと、追いつくことができずに取り残されてしまいます。

　だから、結論は早めにいってしまい、いいたいことがわからなかったという状況を防ぐ必要があるのです。結論が先にわかってしまえば、説明を聞くときもゴールがイメージできるので、安心して聞けるのです。

　もう1つ注意すべき点は、文章であれば長く書くのが苦手な人であっても、スピーチだとつい冗長になってしまうということがよくあるということです。日常的な会話と異なり、プレゼンテーションの場合は時間が限られていることが多く、簡潔に話す能力が求められています。

　そのため、**時間を区切って話す練習もするとよいでしょう**。5分でやってみて、長く感じるようであれば3分で話す練習をしてみることをお勧めします（なお、本書の担当編集者は、文章だと長く書きたくなるものの、スピーチだととっとと切り上げたくなるのだとか。書いてあることを読んでくれればいいと、つい思ってしまうのだそうで、人によって本当にさまざまな反応の癖があるものだと思いました）。

　大きな型を意識して話す訓練を重ねると、文章と同様で多少崩してアレンジすることもできるようになります。まずはそうなるまで、型を意識してしっかりと大きな声で話す訓練を続けてみてください。

具体的行動

　プレゼンテーションの練習では、最初に結論を示してしまい、時間内に説明を終えるトレーニングをしよう。

場数が増えてくると、スピーチの質が上がる

　前の節では短めのプレゼンテーションを想定した話し方を説明しました。この節では、少し長めのスピーチについて解説します。日本人はスピーチが下手だといわれています。

　確かに、堂々と自分の意見を述べるのがよいとされている欧米と、出る杭は打たれ、和を尊重する日本とでは、社会的文化的な違いはあるのかもしれません。

　しかし、それ以上に大きいのは、場数とリハーサルの量の差だと、私は見ています。

　アメリカでは、スピーチが非常に重視されています。大統領選を見ればわかりますが、スピーチが上手いということが極めて重要なポイントなのです。

　そのため、スピーチをする前に何度も何度もリハーサルを重ねます。ビデオにとって自分がどう見えるか確認したりしているのです。

　アメリカ人はアドリブがうまいと思われがちですが、アドリブさえも実はスピーチライターによる原稿があり、リハーサルを経て仕組まれたものなのです。

　政治家ならばともかく、一般人の私たちの場合は、自分で自分のスピーチライターとなるところから始めなければなりません。

　大体、スピーチが下手だという人に限って、スピーチはセンスだと思って練習どころか原稿も用意していないものです。**是非、原稿を書くようにしましょう。**

　原稿では、おおまかな展開を決めたら、まずは最初のつかみから用意します。内容の説明、挿入するストーリー、エピソード、最後の盛り上がりまで一気に聴衆を惹きつけるよう、工夫する必要があるのです。

　原稿ができたら練習ですが、実際にしゃべってみると、どうも話しにくいところが見つかります。そういうところは、どんどん訂正していきましょう。そうしているうちに、次第に覚えてしまうのです。

　そして、できれば誰かに聴いてもらいましょう。照れくさいと思うでしょうが、本番で恥をかくよりよほどましです。

　そうして何度も話す練習をしていると、次第に余裕ができてきます。それで**スピーチがうまくなってきたら、是非ストーリーを面白くすることを意識してみてください。**

　日頃から面白く話すことを意識して、人と接するようにするのです。どういう話をしたら人は喜ぶかを意識するだけで、大分変わってきます。サービス精神が大切なのです。

具体的行動
　人前で話す前には原稿を書き、何度もスピーチの練習をしておくことを心がけよう。

苦言を素直に受け入れると、プレゼンの質は高まる

　プレゼンテーションでも、練習が必要だということをお伝えしてきました。さらに一歩進んで、難しいことをどう伝えるか？という問題があります。

　一口に難しいといっても、大学受験の難問のようなものと、社会問題のような、そもそも正解がない問題について自分の意見を主張することの難しさがあります。

　前者の場合ですが、受験指導のとき、私は受験生に、「難しい問題は、どんどんまわりの友達に教えた方が、自分でもよくわかるようになるよ」とアドバイスをしています。

　友達に教えているうちに、自分でも要点がよりはっきりと理解できるようになるためです。そうしているうちに、難しい問題のどこに躓きやすいのか、勘所が見つかります。そこを解きほぐすようにして説明できるようになると、説明のテクニックも身につき、問題についての理解も深まるのです。

　そして、後者についてですが、素直でない人、批判をよくしてくる人に対して説明できるようになると、難しい問題について話す力は飛躍的に向上します。

　こういう人たちは、苦言を呈してくるかもしれません。しかし、世の中の人の多くは、「こんな当たり前のことを質問したら馬鹿にされるかもしれない」「面倒だからいいや」と思って、あえて質問は投げかけてはくれないのです。ですので、**苦言を呈してくれる人はとても貴重な存在です。**苦言を自分なりに咀嚼し、理解を深めた上でプレゼンに臨むと、深みが増すことでしょう。

　日本人は、批判されることを過度に恐れすぎています。異論や反論が出ることは、意見を述べる以上当たり前だと思って開き直ることも必要です。できれば、「こういう批判がくるかも」ということを想定して、それに対する答えも用意しておくとよいでしょう。

　さらに上級者になると、あえてツッコミどころを残しておいて、そこを質問させるという手があります。それに対して的確に答えることで、話を有利に進めることができるようになるのです。**国際的な考え方では、全く反論されないということは、注目されていないということと同義です。**

　内容面であれ、テクニカルな側面であれ、批判を恐れず、むしろ批判を糧としてプレゼンの質を高めていきましょう。

具体的行動

　プレゼンのスキルを高めるためには、批判を恐れずにとにかくアウトプットして、批判にも真摯に向き合おう。

参考文献

池谷裕二 『受験脳の作り方：脳科学で考える効率的学習法』新潮社、2011年

加藤秀俊 『独学のすすめ』筑摩書房、2009年

加藤昌治 『考具：考えるための道具、持っていますか？』CCCメディアハウス、2003年

柳川範之 『独学という道もある』筑摩書房、2009年

柳川範之 『東大教授が教える独学勉強法』草思社、2014年

山口　周 『知的戦闘力を高める　独学の技法』ダイヤモンド社、2017年

和田秀樹 『大人のための勉強法』PHP研究所、2000年

和田秀樹 『［和田式］大人のためのハイスピード勉強法』PHP研究所、2009年

和田秀樹 『定年後の勉強法』筑摩書房、2012年

和田秀樹 『五〇歳からの勉強法』ディスカヴァー・トゥエンティワン、2016年

和田秀樹 『勉強したくなった人のための　大人の「独学」法』大和書房、2017年

和田秀樹 『40歳から始める「脳の老化」を防ぐ習慣』ディスカヴァー・トゥエンティワン、2018年

和田秀樹 『精神科医が教える　すごい勉強法』総合法令出版、2018年

和田秀樹 『60歳からの勉強法：定年後を充実させる勉強しない勉強のすすめ』SBクリエイティブ、2018年

和田秀樹 『発達障害の子どもが自己肯定感を高める最強の勉強法』日本能率協会マネジメントセンター、2019年

和田秀樹監修 『大学受験の神様が教える　記憶法大全』ディスカヴァー・トゥエンティワン、2014年

渡辺順子 『世界のビジネスエリートが身につける　教養としてのワイン』ダイヤモンド社、2018年

和田秀樹(わだ・ひでき)

1960年大阪府生まれ。東京大学医学部卒業。東京大学医学部附属病院精神神経科助手、米国カール・メニンガー精神医学校国際フェローなどを経て、現在、国際医療福祉大学教授、川崎幸病院精神科顧問、和田秀樹こころと体のクリニック院長、「I&Cキッズスクール」理事長。

27歳の時に執筆した『受験は要領』がベストセラーになり、緑鐵受験指導ゼミナールを創業。映画監督としても活躍し、受験指導をもとに制作・監督した『受験のシンデレラ』はモナコ国際映画祭で最優秀作品賞を受賞。

『大人のための勉強法』『[和田式]大人のためのハイスピード勉強法』(以上、PHP研究所)、『60歳からの勉強法:定年後を充実させる勉強しない勉強のすすめ』(SBクリエイティブ)、『勉強したくなった人のための大人の「独学」法』(大和書房)、『五〇歳からの勉強法』(ディスカヴァー・トゥエンティワン)、『発達障害の子どもが自己肯定感を高める最強の勉強法』(日本能率協会マネジメントセンター)ほか、著書多数。

インプットの効率を上げる勉強術100の法則

2020年6月10日　初版第1刷発行

著　者——和田秀樹　Ⓒ 2020 Hideki Wada
発行者——張　士洛
発行所——日本能率協会マネジメントセンター
〒103-6009 東京都中央区日本橋2-7-1　東京日本橋タワー

TEL 03(6362)4339(編集)／03(6362)4558(販売)
FAX 03(3272)8128(編集)／03(3272)8127(販売)
http://www.jmam.co.jp/

装　丁——冨澤　崇(EBranch)
本文DTP——株式会社森の印刷屋
印刷所——広研印刷株式会社
製本所——ナショナル製本協同組合

本書の内容の一部または全部を無断で複写複製(コピー)することは、法律で認められた場合を除き、著作者および出版者の権利の侵害となりますので、あらかじめ小社あて許諾を求めてください。

ISBN 978-4-8207-2809-2　C2034
落丁・乱丁はおとりかえします。
PRINTED IN JAPAN

JMAM 好評既刊図書

仕事の効率を上げミスを防ぐ
整理・整頓100の法則

桑原晃弥　著
四六判224頁

仕事を効率的に進め、ミスを防ぐために不可欠な整理・整頓について、誰もがすぐに試すことができる普遍的な法則をやさしく解き明かす。

速読日本一が教える
速読の教科書

角田和将　著
四六判240頁

速読を学ぶための理論とトレーニング法、理解力アップ、記憶力アップのコツ、さらには速読の応用テクニックまでを網羅した必読の「教科書」。

次世代トップエリートを生みだす
最難関校 ミネルバ大学式 思考習慣

山本秀樹　著
A5判変形320頁

巨大企業が絶賛して欲しがる「次世代のトップエリート」が学ぶ世界を見通し、知識の連鎖を生む思考習慣を使える場面と想定した事例をいれながら解説する

日本能率協会マネジメントセンター